God
and
Man

天神和人

姚建明 编著

清华大学出版社
北京

内容简介

世界上的"(上古)神人",最典型的就是希腊神话中的宙斯、雅典娜、阿波罗,我国神话中的女娲、大禹、孙悟空等。本书系统地介绍这两大神话体系,详细分析神话、传说是怎么起源的,如何成体系的,怎么传播到后世的。

本书会在分别介绍了希腊和中国两大神话体系之后,对它们进行对比分析。神话、传说、英雄、伟人,就是这些塑造了各民族的文化和历史。

本(套)书面对所有爱好读书、爱好天文学的读者。

本书封面贴有清华大学出版社防伪标签,无标签者不得销售。
版权所有,侵权必究。侵权举报电话: 010-62782989 13701121933

图书在版编目(CIP)数据

天神和人 / 姚建明编著. —北京:清华大学出版社,2019
(趣味天文学系列丛书)
ISBN 978-7-302-51945-4

Ⅰ. ①天… Ⅱ. ①姚… Ⅲ. ①神话—通俗读物 Ⅳ. ①B932—49

中国版本图书馆CIP数据核字(2018)第295760号

责任编辑:朱红莲
封面设计:傅瑞学
责任校对:王淑云
责任印制:丛怀宇

出版发行:清华大学出版社
   网址:http://www.tup.com.cn, http://www.wqbook.com
   地址:北京清华大学学研大厦A座 邮编:100084
   社总机:010-62770175   邮购:010-62786544
   投稿与读者服务:010-62776969, c-service@tup.tsinghua.edu.cn
   质量反馈:010-62772015, zhiliang@tup.tsinghua.edu.cn
印 装 者:北京密云胶印厂
经 销:全国新华书店
开 本:148mm×210mm 印 张:4.25 字 数:106千字
版 次:2019年4月第1版   印 次:2019年4月第1次印刷
定 价:29.00元

产品编号:079567-01

丛书总序

先和读者讲一段作者的亲身经历吧。是这样的,大家遇到初次见面的朋友,会相互寒暄,一般都要问问对方的工作情况吧。轮到朋友问我时,我会告诉他们:"我是大学老师。"接下来,至少已经有3位初次见面的朋友接着问我:"教体育的吧?"等后来和他们熟了,我就问他们了:"凭什么认为我就是教体育的呢?"(这里没有轻视的意思,只是想搞明白!)他们会说:"呃,你老先生体格那么壮,面孔又那么黑,看着就像教体育的!与你教授的'大学物理''天文知识基础''现代科技概论'等课程,似乎不沾边吧!"

为什么和大家说这段经历呢?当然和我们这套丛书有关。2008年出版的《天文知识基础》一书从面世到现在已经是第2版了,马上就要出第3版。从读者的反馈来看,一个最突出的现象就是:读者也好,大众也罢,总是"先入为主"地认为,天文学深奥、难懂、太"高大上"。真的那么难懂吗?我和读者、我的学生们都讨论过这个问题,我问他们:"如果我带你们去认星星,一个晚上你认识了二十几颗星星,几个晚上行星、恒星、卫星(包括月亮在内)就分得清楚了,认识到上百颗星星了,你足可以是一位天文爱好者了,是不是就懂得天文学了?"这个问题就与我开始和大家说的经历一样,大家都是"先入为主",都是在听别人说的,没有亲自去尝试一下。当然,我们一方面为你"宽心",告诉你学习天文学并不难;另一方面,我们也行动起来,为读者们奉献这套更容易懂、更接地气、内容与你更密切相关的《趣味天文学系列丛书》。写这套丛书就是想让你对天文学更感兴趣,并为此学习一些天

文学知识。

本丛书的名称是"趣味天文学系列丛书",它是在两个版本的《天文知识基础》出版之后,在读者反馈基础上产生的想法。具体来说,就是我们把那些读者最感兴趣的、社会生活中最实用的天文学知识拿出来,用贴切的语言、灵活的组织形式重新编写成书。利用丛书的形式可以使书的内容更集中、兴趣点更突出。这套丛书,可以说是在天文学知识的基础上,又突破和拓展了许多。

第一册《天与人的对话》在解释了"天"之所以是"老天(爷)"等我国原始的知识基础上,剖析了什么是"天人感应""天人合一",并分析和介绍了中外"星相学"的知识,同时感受中国古代文明的伟大。

第二册《星座和〈易经〉》是两个极其吸引人,又让人感到迷信、迷茫、深奥的话题。其实,它们并不深奥,"星座"不是科学,只是一种文化,而且只是娱乐性的文化。而《易经》谈论的更多的是中国古代文明的哲学思想,用《易经》算命只是帮助你更清楚地认识自我,辨清形势,并给出一些"合理"的建议。

第三册《天神和人》,希腊神话故事美妙动听、情节跌宕。它最早起源于希腊民间传颂的故事,后经过系统性的整理,加上作家的再创作而得来。中国古代神话人物——女娲、大禹、孙悟空等,也都有很美妙的神话故事,可你有没有察觉到,希腊神话人物与我国神话人物之间的区别。告诉你区别可大了去啦,这本书里会帮你分析。

第四册《星星和我》,看书名就知道是一起去认星星,让你成为"天文爱好者"。不仅如此,我们还像社会上流行的钢琴、古筝、架子鼓评级一样,我们为你"评(星霸)级"。非常简单,按数量评级。比如,你认识了北斗七星,接着认识了北极星,这就八颗星了。夏天一抬头"织女星"就在你的头顶,隔"河"再认识一下"牛郎星",好啦,这就10颗星了,你就是"星霸初级"了!再加努力,相信一年认下来,达到"10

级"，就认识100颗左右的星星啦！

第五册《流星雨和许愿》，相信大家都会很喜欢这本书。那么漂亮、壮观的流星雨，什么时候会出现，怎么去看？这本书都会告诉你。而且，流星出现的时候还可以许愿，把心愿告诉"上天"，把"秘密"通过流星传达给心爱的人。流星雨是很美，地球上、太阳系中还有更美的天象——极光和彗星，我们都会为你详细介绍。

第六册《黑洞和幸运星》，黑洞你一定听说过，但是很少有人真正了解，因为量子力学毕竟只有物理专业大学本科以上的人才能学懂。没关系，我们会用浅显易懂的语言解释黑洞，少讲原理，多注重现象和效果。通过介绍当今宇宙中最"热门"的天体"中子星""脉冲星"来告诉你，它们代表着宇宙的希望和未来，能为宇宙带来新生，为大家带来幸运！

讲了这么多，相信已经"勾引"起你对天文学的兴趣了。读一读这套《趣味天文学系列丛书》吧，你可以选读，更希望你通读。我们一直坚持了我们出版的科普书籍的特点——可读性！介绍知识是起点，开阔视野、拓展知识面是目标。希望这套书能为你丰富多彩的生活添加一份属于天文学的乐趣！

姚建明
2018年8月于浙江舟山台风季

前言

　　希腊和中国这两个全世界最系统、最全面的神话体系，无论是从起源、发展还是人物的描述来说都有很多不同。中国人讲"教化"，那些神话人物都是凡人的"典范"，是不可企及的"神一样的存在"。中国古代历史上，还真的有"神界"和"凡界"的划分，不可逾越。希腊的大神们可真的不一样，他们不仅仅"食人间烟火"，还会和人类"争风吃醋"，哪里是神呀！他们只是神一样的存在而已。你会看到：最大的神宙斯在四处追"小姐姐"，大神们为了一个美女"海伦"而大打出手，神和人创造的英雄帮助人类获得火种，众神们合在一起造出一个"潘多拉"盒子来残害人类。这些都是人间的喜怒哀乐呀！

　　所以，"一方水土养一方人"，一种文化造就一个社会。西方讲的是人和人，甚至是人和神之间的"平等"，讲得更多的是"人性化"；东方，尤其是中国，讲的是人、神两分，讲的是森严的等级制度，讲的是你不可造次，不可"违天"。不服从统治者的意愿，就是"违天"。所以，中国的"天人合一"有它积极的一面，同时也有着束缚人的一面。古代我们国家的天文观测、天象记录都是"国家机密"，都不掌握在老百姓手里。这束缚了近代我国天文学的发展。

　　不管怎样，中国也好、希腊也罢，还是需要神人、需要英雄的。最起码，神话的存在为我们诠释了最早的宇宙和宇宙万物的起源。让我们能够更好地认清人类认识宇宙的发展进程。为我们了解和认识当前的宇宙有了很大的启示作用。

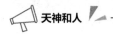
天神和人

　　我们的目的，是要从神话、神话传说、神话人物去认识我们的祖先是如何认识世界、认识宇宙的。神话的宇宙，神人创造的宇宙不是更具有趣味性吗？

目 录

第1章 希腊神话西方宇宙体系的构建者

1.1 神存在 ········ 2
- 1.1.1 人类想象中的神 ········ 3
- 1.1.2 神话的发展脉络 ········ 9
- 1.1.3 世界各地的创世神话 ········ 16

1.2 希腊神话体系 ········ 27
- 1.2.1 古希腊神话的历史 ········ 29
- 1.2.2 希腊神话体系 ········ 30
- 1.2.3 希腊神话故事 ········ 35

1.3 西方宇宙体系的演进过程 ········ 51
- 1.3.1 古代西方国家流行的宇宙模型 ········ 52
- 1.3.2 人类宇宙观的社会性哲学演进 ········ 57

第2章 中华文明支撑的宇宙体系

2.1 中华"创世神"的来历 ········ 62
- 2.1.1 中国创世神话发展历程 ········ 62
- 2.1.2 中国创世神话元素及其文化意蕴 ········ 70

2.2 女娲 玉皇大帝 观世音菩萨 ········ 75
- 2.2.1 中华民族的始祖神 ········ 75

2.2.2 王母娘娘和玉皇大帝 ··· 77
2.2.3 岁星 福禄寿星和魁星 ··· 78
2.2.4 天后妈祖和观世音菩萨 ·· 80

2.3 混沌世界还是天圆地方 ··· 82
2.3.1 古代中国人的宇宙观 ··· 84
2.3.2 盖天说 浑天说 ·· 89
2.3.3 天地入画入诗入人心 ··· 93

第3章 神人与凡人

3.1 中西方神话体系特征 ··· 106
3.1.1 造神和造人 ·· 106
3.1.2 神话体系及其神人关系 ·· 107
3.1.3 宇宙观及其天人关系 ··· 115

3.2 中西方神话故事人物比较 ··· 119
3.2.1 不食人间烟火 ··· 120
3.2.2 "神化"神 ·· 121
3.2.3 "佑德保民" ··· 123

参考文献 ··· 126

第1章

希腊神话西方宇宙体系的构建者

神话虽然一直流传至今，但神话的历史，严格而言却止于近代之前。它们无一例外都诞生于上古阶段，讲的都是遥远的过去，探讨的大多是关于过去的由来、过去的未来以及这一切是怎样产生的等。在人类的早期，靠口传身授，从而将人们以家庭或更大单位的形式联系在一起的时代里，神话的功用是不言而喻的。

"如果你解释不了世界，那就创造一个世界吧。"神话试图用简洁易懂的形式来解释世界——包括生、死、万物和命运，赋予各种存在以缘由，而另一些并不企图解释世界的神话则宣泄着人类的激情或恐惧。上古人类构造的神话世界里保存着对人性的基本解读：生存、创造、繁衍、情欲、嫉妒、争斗、破坏、毁灭……从大量离奇古怪的情节和缤纷缭乱的角色背后，我们可以读到人之所以为人，之所以区别于动物的两大特征——逻辑与审美。神话说的是人类的童年。正像自己应当了解自己的童年一样，阅读人类社会的童年故事，深入认识人类行为的原始密码，会令我们对人类自身宿命的观察更为真切而睿智。

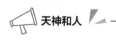
天神和人

1.1　神存在

神，存在吗？当然，它存在于我们的心里。即使是无神论者可能不相信"自然神""创世神"，但是，那个或是那些存在于他心中的"信仰"，就是他心中的"神"。神真的存在于我们的心中吗？这就如同"佛祖拈花"的故事。佛祖讲经，听众都笑了，这不可能；都没笑，也不可能。故事里说只有迦叶笑了，会心一笑（图1.1）。

图 1.1　拈花微笑

神话产生于人类的童年时代。它是远古时代的人们通过超自然的形象和幻想的形式，表达他们对世界起源、自然现象及社会生活的原始理解的故事和传说。神话大都形式朴素，充满浪漫主义色彩，是人类文化艺术宝库中的瑰宝。

中华民族是一个具有悠久文明史的民族，其祖先创作出了许多丰富多彩的神话，开启了古文明的先河。中国神话大多以开天辟地、为民造福、除暴安良、追求光明等为内容，体现了中华民族博大的气概和坚韧的精神。中国神话大多记载在《山海经》《楚辞》《淮南子》等书中，其中的一些神话如盘古开天、精卫填海、嫦娥奔月等，在中国流传极广，对后世的文学、艺术和语言等都有深远影响。

希腊神话，指的是一切有关古希腊人的神、英雄、自然和宇宙历史的神话（故事）。希腊神话是原始氏族社会的精神产物，欧洲最早的文学形式。最早产生于公元前 8 世纪,它是在古希腊原住民长期口头相传并借鉴了流传到希腊的其他各国的神话的基础上形成基本规模,后来在荷马的《荷马史诗》和赫西俄德的《神谱》及古希腊的诗歌、戏剧、历史、哲学等著作中记录下来,后人将它们整理成现在的古希腊神话故事。

1.1.1 人类想象中的神

1. "有神论"还是"无神论"

到底有没有神?数学当中,证明一个结论是否成立,最可靠和简洁的方法就是"反证法"。关于人(类)对神的看法,当然存在着肯定和否定两种立场。从无神论的论证来说,试图证明神的不存在,基本上都是以否定神祇的三个"R"为基础的。

第一个"R"代表各种反驳论(rebuttal)。这些反驳论考察了赞同神祇存在的各种声明,它们论证说,那些声明是语无伦次的,是没有实质性内容的,或者是虚假的。例如,声称上帝在六天之内创造了世界,后来通过若干世纪积累的证据说明,宇宙是经历了相当长的时期才进入到了目前的存在;又例如,声称上帝就是爱,而太多人的苦难和太多动物的命运并没有说明爱的存在。这就引起了一个问题:人们所说的神正论(theodicy,在希腊语中,"theos"意为"神","dike"意为"正义")究竟是什么?如果像人们所说的那样,上帝是全能的和全爱的,那么为什么上帝不用那种力量去创造一个爱能够在其中确保绝不存在人类苦难的世界呢?看来上帝要么不是全能的,要么不是全爱的。各种反对上帝的反驳式论证也考察了人们以上帝的名义所做的那些至少可以说是不受欢迎的事,例如战争,或者认为女人附属于男人是合理正当的那些证明。

三个"R"中的第二个代表各种化约论(reduction)。这些论证承认人们对神祇的信仰，但它却提供种种理由来说明，人们这样做的原因并不涉及神祇存在的可能性。他们认为这只是一种心理学上的"投影形式"，也就是说在我们的躯体和思维之外去创造一种能满足我们最深层次需要的东西，我们视其为真，尽管这种东西并不真正独立存在。类似我们每个人心中的"世外桃源"（图1.2）。

图1.2　世外桃源

所以，有理由认为，人们相信上帝是因为他们不满足，他们要寻求安慰，或者要寻求控制他人的力量。其中最典型的就是马克思，他认为，上帝不过是使社会不同阶级之间疏离（异化）的一种方式，上帝被用来证明社会分层是合理的，使工人阶级安于自身的现状。

更晚近一些时候的化约主义者是生物学家多金斯，他认为，上帝只不过是一种病毒，它侵入到一个人的大脑，带来的是有害的、不健康的信息。

三个"R"中的最后一个代表各种驳斥论（refutations）。这些驳斥论考察了导致上帝存在这一结论的各种论证，然后驳斥了它们的说服力或合理性。最典型的就是人们去驳斥"关于上帝存在的五个途径"。

（1）从一切事物都处于运动变化中这一事实，推导出那位推动一切事物运动而自身不动者，是不可能存在的。

（2）从观察一切事物都有原因可以得出这样一个结论：如果你穿过因果链往回追溯，你就会到达一切原因的起因，这个起因自身没有原因。事物的存在没有原因，这可能吗？

（3）从我们生活在一个充满偶然可能性（一切存在的原本有可能

不存在）的世界这一事实，可以得出这样一个结论：任何事物要想存在，必须有一个必不可少的对偶然存在的保证，这意味着上帝是为什么有某物存在而不是无物存在的原因。上帝真的能创造一切吗？

（4）从我们进行比较（更高、更聪明、更小等）这一事实，可以得出这样一个结论：必须存在一个绝对的标准，比较是参考它而进行的，这个"标准"必定存在，因为完美就是以最可能圆满的形式存在。这样的标准由谁又是怎样被给出的？

（5）从观察一切事物都以一定的方式存在，以指向自己的目的——如种子变成植物，箭瞄准得当就会射中目标（因为箭被设计用来达到自己的目的，希腊语用的词"telos"，所以这种证明被称为目的论证明），可以得出这样一个结论：在有条理地设计的地方，就可以合理地推断出一位设计者。上帝只是被人们"设计"出来的？

以上"五个上帝存在途径"的证明，经常被反驳。这就引起了对一个证明的重述和进一步的驳斥。或者说，类似这样反反复复的证明、驳斥一直在进行，并没有得到最终的提炼。事实上，这样的证明不可能有结论，因为无论上帝（神祇）是什么（如果他是什么的话），上帝都远远超出证明的存在。各种证明所能够做的，只是指出上帝（神祇）的可能性（或者不可能性），以及在能够做到的最大意义上，指出假设上帝存在，那么他在这样一个宇宙（我们根本没有任何其他与之相比的东西）中的许多性质。我们会"看到"什么就说什么，或者说，常人谈论"上帝（神祇）"就如同"盲人摸象"，而且是永远也做不到"全窥"的。

2. 人们想象中的各种神

那么，大众都看到了什么呢？也就是我们怎样想象神、谈论神呢？最典型的事例就是爱尔兰剧作家萧伯纳的《寻找上帝的黑人女孩》（图1.3）。

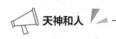

图 1.3 寻找上帝的黑人女孩

黑人小女孩向使她转变信仰的传教士提出这样一个问题:"上帝在哪里?"传教士回答说:"上帝曾经说过,'去寻找吧,你将会找到我。'"这样,萧伯纳就开启了这个女孩寻找上帝的旅程。她遇到了各式各样的人,得到了各种回答,其中,耶稣对女孩说:"上帝在你心中。"

一路上,她遇到了许多人,他们为她描述了各种特性的上帝。最终她遇到了正在料理花园的伏尔泰(图1.4)。伏尔泰是18世纪法国资产阶级启蒙运动的泰斗,被誉为"法兰西思想之王""法兰西最优秀的诗人""欧洲的良心"。他主张开明的君主政治,强调自由和平等。伏尔泰的"花园",应该是带引号的花园,他给的答案是:唯一的"答案",是将我们能做的事情继续做下去,料理我们自己的花园。"我料理我的花园"。或者理解为:人人的上帝,上帝的人人。

萧伯纳论述道:上帝并不是一种答案,因为人们一直在不断地向原有的关于上帝的各种观念发出挑战,而且不断地改变它们,所以,在某种程度上,上帝并不是人们观念之外的一个实体。《圣经》中给出了

图 1.4 伏尔泰

许多关于上帝以及上帝观念的记录，它们是文明之后的人类在解释我们所意识到的宇宙之存在、起源和目的的最早努力，记录了上帝观念发展的整个过程：从对引发雷鸣、地震、饥荒和瘟疫的魔鬼，到让人失明、失聪、嗜杀成性、极具破坏力的妖魔的幼稚崇拜；从对昼夜、日月、四季、播种与收获之奇迹的创造者的敬畏，到勇敢地将仁慈的圣人、正义的法官、挚爱的父亲理想化，最后发展成为不具物质性的从来没有血肉之躯的"道"。正是在这一点上，现代科学和哲学接过了它的问题，诸如"自然生命""生命冲动""生命力量""进化欲望"，以及非常抽象的"绝对命令"等。

萧伯纳的关键点在于：人们总是用自己的形象去创造上帝。

伏尔泰说：上帝按照自己的形象创造了人，而人很快地给予了回报。

古希腊哲学家色诺芬尼说：如果牛、狮子和马拥有双手雕刻各种形象的话，它们必然会根据自己的形象去塑造众神，赋予众神以它们自己一样的躯体。

所以，如果除了用自己的形象之外，神是无法描述的，而那些形象在一代又一代人中又总是不断地发生着巨变。那么，关于神，我们如何能够说出什么可靠的东西呢？

3. 神体验　神价值

你体验过"害怕"吗？欣赏过"美丽"吧？感觉器官接收信息、受到刺激唤起情感。信息具有传导属性，它们的作用就是要引起（刺激）我们的情感。看恐怖片我们会害怕，那是编剧、导演要你害怕，他们把那些引起你害怕的传导属性带给你。关于神也是如此，尽管我们确实没有见过"神"，然而，我们在自己周围的世界，在那些对敬畏、好奇、崇拜、感恩——在某种程度上来说就是害怕——产生过恰当感受和反应的人中，接受了传导属性。心理学家把这种感受描述为：**令人战栗而又神往的神圣的神秘，这是一种令人敬畏但又要吸引人的压倒性的神**

秘。这是对"相异者"——他虽然以人格的方式与我们同在,他又将我们带入了更深的关系之中——超验的、令人敬畏的感受或情感。因此,这是对深刻的意义和目的的一种感受。它就是对神的自然感受。

人是智慧生物,我们对神的感受,不可能像我们感受到害怕那样直接。从理性上说,对于任何情感,我们也许都会再考虑、再解释,或者甚至会压抑它。但是,对于神的体验,就我们所拥有的大脑和身体来说,依然是一种可能性和一种机会。好吧,现在我们应该更理解那句话的含义啦——"让我们祈祷吧"。

人用体验和思考去意识神的存在,显然是非常基本的。是每个社会、每一代人都普遍存在的。人类关于神的故事,就是这样一个历程的故事:人类对一直在邀请并吸引他们的神的性质了解越深,他们也就越深入地被吸引进入神的存在。科学的故事是对于人类精神之尊严的一种令人着迷的赞美。关于神的故事也一样。

神的存在,还体现在神的价值和神的善。善和价值的判断都是不能够被看见的,都是被人们强加于所见之物之上的,那么,把什么东西视为善、美或者真,是不会得到大家一致赞同的。虽然是这样,但是真正的真善美的真实存在还是容易判断的,区别只是接近实际的距离多少而已。可是,对于上帝、对于神,它更可能是一种超然的存在,一种一切的源泉、一切的意义所在。尽管我们不知道上帝是什么,而且人们谈论上帝的方式也像他们谈论美的方式一样是多种多样的,但是,既然人具有体验真、善、美和爱的能力,那么,对于所有被造就而成为人的所有的人来说,上帝也一样是可以体验的。

以世界作为中介,在我们的生活中我们就能体会到神(上帝)。神对人们来说已经以某种方式成为真实的、鲜活的,那么,人们在体验中都说了什么呢?随着时间的推移,人对于神的理解又是如何深化和扬弃的呢?对,是通过"神话"。

1.1.2 神话的发展脉络

1. 万物之母——女神

在神灵的历史上,从一开始就有女神,至少女神在其中是居于同等重要的地位。有人甚至说,神之历史就开始于女神,"Deity"(神、神祇)就是女性的,而男性的"God"(神、上帝)最多居于附属的地位。

为什么这样说呢?考古学家发现,在旧石器时代(距今3万年左右)及稍晚时期,普遍存在许多小型女性雕像和洞穴壁画。它们着重刻画了乳房、怀孕的子宫和阴道,完全就是那些与新生命繁衍和养育有关的女性器官。长期以来,这些形象被冠以罗马性爱女神维纳斯(Venuses)的名字。

这些"维纳斯"形象的普遍出现,有时甚至排斥了相应的男性形象,使人以为人类想象中最早的神就是女神。某些学者甚至认为:死亡是与出生具有同样强大的戏剧性奥秘。大母神(Great Mother 图1.5)支撑和包容了

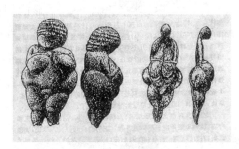

图1.5　大母神

这两者。有一种观念把女性的地球(该亚女神)作为周期性出生、成长和再生的源泉。这种观念在所有的神话和宗教象征中都存在。它还是宗教信仰的渊源。一切证据都显示,至少在地球人类早期的20万年中,神是女性的。木刻的大母神远在石刻的维纳斯之前,只是木头不容易保存下来而已。

长期以来,人们一直都是根据猜想,来重建有文字之前人类的信仰结构。早期考古学在发现一些人类物品时,偶尔也会发现一些铭文,其中一些铭文会透露一些相关的信仰内容。一直要到很晚之后,才有

文本幸存下来。在这些文本中,人们都是在试图表达对神,尤其是对女神的信仰。

不过,无论如何,人造物品和残留文本都清楚地表明,神(God)后来普遍取代了女神(Goddess)。那么,依据女性经验所描述的"Deity"(女神、神、神祇),是怎样转化并融进基本上是男性主导的"God"(神、上帝)的形象中呢?多少世纪以来,宗教一直是族长制的,也就是说God已经有了不可变更的形象。而Deity就意味着复兴(goddess),这似乎就是说要挑战权威。而实际上"转化"的过程并不是那么激烈、直白的,女神的崇拜也一直不曾消失过,只不过是转到了地下。其中一个最明显的例证就是巫术(wicca),有趣的是在古英语中这个词根的意思是"弯折"或"塑造"。巫术(女巫,图1.6)也一直在医疗、解决争端以及与魔鬼沟通等方面起着作用。我们可以说,巫术就是使得女神信仰保持生机(存在)的一种方式。除此之外,还有另一种女神融入的方式,就是性结合。它被用来描述女神和男神合一时的体验或者升华(比如男女双修)。这种体验远远不是一个生理事件,所以,性交实践会被许多宗教引入到仪式中。

图1.6　巫术

2. 象征与符号

在自然秩序或者透过自然秩序去发现神,这在世界各地都很普遍。比如,如果把世界视为上帝,把宇宙作为上帝的身体,那就是所谓的泛神论(pantheism)。即使认为上帝与自然秩序不同,人们也普遍地把自然秩序视为上帝的恩赐,视为一部可以与圣典一起阅读的启示录,一部展示了上帝意志和意义的圣书。所以，原始的宗教就产生了。而原始宗教的六个基本特点，决定了人类信仰和宗教的发展。

亲缘关系：（让人们）感觉与自然有一种血亲关系；

共存：真切地感受到自己并不是一种完全自足的生物；

精灵：相信人类并非是孤独或者是被隔离的，而是处于一个充满有益和有害精灵的人格化世界中；

关系：一种与这些灵体建立关系并获得祝福和保护的能力；

来世：认为这些关系将持续到死后；

圣事：相信人类生活在一个需要施行圣事的世界里，其中物体和身体都包含并附带灵性。

十字架（图1.7）的标志大家都很熟悉，在基督教中十字架是感恩的中心，是全部圣经的核心，是信仰的基础，是基督徒得救的根源，是信徒生命的源头。基督在十字架上死，成就了伟大，吸引了万民归依，彰显了真神神圣而奇妙的爱。

图1.7 古老而意义深远的"十字架"符号

十字架的诞生很早，并且在世界各个文明的记载中皆有出现，最古老的记载可以追溯到苏美尔文明中，它是太阳的符号；而在古阿兹特

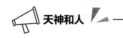

克文明中它代表了风和雨；在埃及文明中则是一种生殖和生产符号是生命之树；在古代中国十字架的符号意义则是大地。而在古代罗马，众所周知十字架是一种刑具，钉死在十字架上的人大都是斯巴达克斯和耶稣这种动摇帝国基础的犯人，因而可以称作是最为耻辱的刑罚，被称为：由至上而到地下。

就像十字架来源于太阳、生命、风、雨自然一样，人类积累的象征符号是一座巨大的宝库，通过它们，人类讲述着自己关于神、宇宙、生命和死亡的故事。事实上，这些故事涉及了人们生活中经历的所有方面。这些象征符号形象地表达了人类对周围世界以及自身状况的情感和思想，是自然崇拜过渡到文字时代的崇拜文化的一种必然。符合典型的人类认知形式的流程图：图像—标识—象征。

3. 音乐礼仪祭祀和神话故事

提起音乐，德国著名哲学家叔本华说："音乐是相当孤独的艺术。它与其他艺术形式是隔绝的……音乐并不表达某种特定、明确的欢乐、悲伤、苦恼、恐惧或者心灵之宁静，而是表达抽象的欢乐、悲伤、苦恼、恐惧、开心以及宁静意识本身。在此，音乐没有辅助事物，也没有通常的动机（动力）。然而，它却让我们得以抓住并分享其中的精华。"

音乐是哲理的，它把人们带出黑暗，让人们了解自己。音乐在接受者那里引起情感反应，这种紧密的联系，使得音乐成为我们对神灵表达感情的重要方式。比如，宗教音乐往往会让人"出神"，而"出神"一词（trance）指的就是人的一种神灵合一的状态。音乐不仅能够让人出神，还会让人狂喜。据说，音乐是唯一能够使人的头和腿同时发生影响的传播属性。狂喜（ekstasid）在希腊语中的意思就是"在外面"，要么是使人脱离了世上的普通生活方式；要么就是被外在灵体俘获或附体，而这种灵体可以是魔鬼或上帝的任何东西。看看原始非洲那狂野、原始、奔放的音乐和舞蹈（图1.8），是那么自然、那么情感流露，当然也就那么接近神（上帝）。

　　音乐会经常出现在各种礼仪上。礼仪是一个特定群体或宗教信仰所履行的习得的和重复性的行为。礼仪对人类生命是如此重要，它们不但存在于像崇拜行为（做礼拜）或个人出生（洗礼）、青春期（成人礼）、婚姻（婚礼）直至死亡（葬礼）的一系列宗教仪式中，也存在于非宗教性的行为方式中，像现代社会的游行和庆典。

图 1.8　舞动

　　礼仪就是一种使生命和死亡的至高目的和意义合法化（通神）和具体化的常用途径。宗教通过礼仪把文化与神灵强有力地联结在一起，以实现通灵的目的，并获得神灵的保护。可以说，各种礼仪就是使得人们能够成功地在家庭、群体、民族和帝国中生活的各种安排。这种文化是人类的"保护性"皮肤，包括书写、图书、红绿灯、学校和宗教等。这样的文化起始于天然，繁盛于社会。人类接受和处理日常信息时最主要的两种方式的自然体现，那就是联想性学习和象征性认知。当我们虔诚求拜时，你会去双手合十（图 1.9），它是那么自然而然。创立佛教的古印度人认为，右手是神圣之手，左手是不净之手。两者

图 1.9　双手合十

合二为一,则将人的神圣面与不净面合一。所以,我们用合掌来表现人类最真实的面目。

各种礼仪的联想性学习带给我们的大脑许多基本刺激,这就像你看到糖就会意识到甜,看到醋就想到它是酸的。好朋友让你去参加他(她)的婚礼你就要准备红包一样。类似的刺激就会让你把它们与礼仪之间建立联系,这叫做习得性联想。我们有时可能记不住各种礼仪所代表的意义,但是某人、某物、某种声音或气味的出现会刺激我们的联想。比如,圣诞老人、学位套装、鞭炮或者钟声、唱歌或吟诵、特定的化妆、疼痛(自我鞭挞、割礼)、温度(全浸洗礼)、气味(香、香水)、味道(礼仪性食品),等等。

通达人和神之间让人印象最深刻的礼仪形式恐怕就是祭祀了。祭祀是人类表达对神灵情感的最重要方式之一。它存在于所有宗教之中,它经常受到批评,发生着变化,有时会获得新的形式和意义,但它却一直是人类理解自身处境并作出回应的最基本方式之一。对于人与人之间的相互关系,尤其是人与神之间的相互关系,祭祀作为最有力的工具(形式)之一,表达了这些关系的价值和代价。因此,祭祀是使生命和秩序得到保证的途径之一。它是法定的语言,人们通过它来认清他们危险的处境(总是受到死亡的威胁),并表达他们的需要和希冀。

祭祀就是以礼仪的方式奉献一种可能是活的,也可能是无生命的东西(图1.10),所奉献的生命或者物品本身并不需要巨大的价值,它的价值在于它被奉献了。

这样做的理由很多,而且每种献祭的理由都可能不止一种。它可

第1章 希腊神话西方宇宙体系的构建者

图1.10 祭祀场面,下图是玛雅人用活人献祭

能是用以处理犯罪或者原罪的事实,其途径或者是赎罪(认为必须付出代价)或者是安抚(平息神祇合理的愤怒);可能是用以换取属于神祇的某件东西(比如头胎生者);可能是用以同那些与神祇有神交合一的人建立团契;也可能是期望获得某种回报(拉丁语中是"do ut des",我给予,期望你也能给予);也可能是用以纯净某些思想或过失,或者作为致谢的方式,或者驱除某些威胁或灾难,比如像饥荒、干旱、洪水、

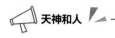

不育；等等。献祭也可能是庆祝的方式，也可能是通过相同和熟悉的行为来维持整个团队的凝聚力。

人与神的交往，流传最广、延续时间最久的还是神话故事和神话传说。神话是将个人生活经历融进更宏大的故事的方式，这种更宏大的故事就是个人所属的家庭，或者部落，或者民族的历史故事；就是整个世界之过去、现在和将来的故事。神话是人脑能够探索和想象神的绝佳方式。例如宗教就是那些在一个共同的神话体系中，共享一个叙事和传奇的社会群体。这在现代可能是难以理解的，因为有太多的现代人认为神话一词意味着虚假。真正虚假的是相信只有一种陈述真理的方法，比如像通过（伪）科学。神话是通过"虚构想象"来完成人类追求真理和探索命运的过程，可以认为是一种探索性的、定性的科学尝试，毕竟科学永远是追求探索和改变的。

德国哲学家谢林说得好："每个美丽的神话都不过是经过改装的想象和爱。它们用象形文字的方式来表达周围的自然。除此之外还能是什么呢？"

1.1.3　世界各地的创世神话

为了探寻宇宙的尽头，我们必须回到本源，看看宇宙是怎么诞生的。早期人类中出现的第一个哲学家，在解决吃饭温饱、野兽追赶、蚊虫叮咬等问题后，首先思索的问题估计就是：这是哪里？我是谁？我从哪里来，要到哪里去？如果把生命和人类的演化看作宇宙演化中的一部分，并假设无外星智慧生命（至少在人类目前的认知还是这样），这不仅是人类对自我认知的探寻，恐怕也可以看做宇宙对自身认识的第一次思考。未来真正的有 AI（人工智能，artificial intelligence）出现时，它的第一个念头也会是这个吧？

1. 各国神话

各个早期民族都有各自的创世神话，这是人类童年时代基于当时的粗浅认识对宇宙本源的思考。古埃及神话说:"世界之初,是一片茫茫的瀛海,叫'努恩'。他后来生下了太阳神拉。太阳神拉起初是一枚发光的蛋,浮在水面上。……他(指太阳神拉)创造了天地,创造了人类,创造了一切生灵,创造了众神祇。他首先创造出的两个神是风神舒和他的妻子苔芙努特。苔芙努特是一位狮头女神,她送雨下来,因此又被称为雨神。接着生下地神盖驳和苍穹之神努特。后来他又生下奥西里斯和他的妻子爱茜丝,还生出赛特和他的妻子奈弗提丝,共四对儿女。"他们一起创造天地万物,并繁衍人类。

苏美尔神话(古巴比伦)《恩利尔开天辟地》中说:"很早很早以前,宇宙间没有天,也没有地,只有浩瀚无边的海洋。在创世之初,水是最早出现的东西,她是宇宙万物之母。在浩瀚无边的海洋里,山慢慢长大,浮出水面后,成为一片陆地,山体里又萌生出了天和地。天是男的,名叫安,地是女人,名叫启。安和启结合在一起,生下了空气之神恩利尔。恩利尔在安和启的怀抱里渐渐长大。"长大后的恩利尔力大无穷,他将安高高地举起,就创造了天和地,并与启成婚,繁衍人类。

古希腊神话说:"宇宙诞生之前,正处于混沌状态,它是一团浑浊不清的物体。混沌名叫赫卡忒,是一个不成形的东西,喏,就是您想象的样子!万物的种子都在这混沌之内,都向着各自的方面转动,渐渐地这些原始的东西慢慢地分离出来。重的部分下沉,就构成了土地名叫该亚;轻的飞腾上去,成为天空名叫尤里诺斯。……世界变成了我们知道的样子。"

印度神话说:"创世之初,什么也没有。没有太阳,没有月亮,也没有星辰,只有那烟波浩渺、无边无际的水。混沌初开,水是最先创造出来的。而后,水生火,由于火的热力,水中冒出了一个金黄色的蛋。这个蛋,在水里漂流了很久很久。最后,从蛋中生出了万物的始祖——

大梵天。这位创造之神将蛋壳一分为二，上半部成了苍天，下半部变为大地。为使天地分开，大梵天又在它们之间安排了空间，这位始祖在水中开辟了大陆，确定了东南西北的方向，奠定了年月日的概念。宇宙就这么形成了。"

犹太创世神话记载在圣经中，这也是唯一一个有文献记载的创世神话。《圣经》以当时的认知为基础，绘出了一幅科学诞生前的世界图卷。这背后隐藏着当时人的信念：在这些已具备观察、审视和解释的人文精神的人们心目中，世界并非神与神斗争产生的偶然结果，而是一个唯一、至上之神的缜密策划，完全以人为核心的行动。《创世记》(《圣经》的第一卷，图 1.11)条理清晰、有条不紊地列举了世间万物的出现，直至最后人类诞生。唯一的神拥有至上的权力。世界完全是他的造物，也只与他有关联。

图 1.11　上帝第一日创造了光，第二日创造了空气，第三日创造了水，第四日创造了太阳、月亮，第五日创造了飞鸟和其他动物，第六日创造了人，第七日上帝累了，创造了安息日

中国创世神话，盘古开天女娲造人：宇宙之卵漂浮在永恒空间之中，它包括两个反作用力——阴和阳。经过无数次轮回，盘古诞生了，宇宙之卵中较重的部分——阴下落形成了地面；较轻的部分——阳上升

形成了天空。盘古担心天和地再次融合在一起，就用手脚支撑着天和地，他每天长高10丈，1.8万年之后天空已有5万公里高。（怎么算的？）盘古的任务完成后也就死亡了，他的身体部分变成了宇宙的基本物质。而女神女娲非常寂寞，她从黄河水中捞出泥巴来按照自己的样子制作泥人。这样第一个中国神话里创世的概念，其实跟犹太人有点类似，除了盘古长得更强壮一些，更重要的是体现出一种朴素的"天人合一，人是宇宙中的有机组成部分"的思想。人类出现了，随后她用树枝蘸上泥巴向地面上甩，无数个小泥点形成了无数个人类。

　　日本创世神话。据日本最古老的历史典籍《古事记》记载，起初世界上只有伊邪那歧和伊邪那美兄妹俩，他们肩负着创造日本的任务。于是，伊邪那歧站在悬于天空的浮桥上，拿着一支巨大的长矛搅动海水，当他把矛提出来的时候，一滴海水从矛尖上滴落，形成一个小小的岛屿，这个岛屿就是日本。那时的日本一片荒芜，两位大神见此情景，立即降临其中，开始建设小岛。他们建天柱，造八寻殿，对自己的成绩非常满意，开心地绕着天柱追逐。伊邪那歧开始询问伊邪那美的身体，伊邪那美坦言，自己的身体是一层层建造出来的，除了一处没有长好外，已经成形。伊邪那歧听罢，表示自己的身体刚好长多了一处，他想用这多出来的一处补上伊邪那美缺少的，然后建造出二人的国土。伊邪那美同意了他的提议。二神开始交媾，生出了日本众多神仙以及日本诸岛。

　　日本的创世神话中并没有混沌的概念，恐怕也跟日本是个次生文明有关。另外，阿拉伯创世神话源于圣经中的诺亚方舟，因为阿拉伯也是个次生文明（古兰经源于圣经），缺失了关于创世部分的记忆。抛开次生文明不谈，在原生文明的创世神话中，最初都是一片混沌，彼此不分，这个混沌不是水就是气。混沌英文叫chaos，这是一种熵极大的状态（纯粹无序）；这也是人类早期观察到的熵最大的物质状态（当

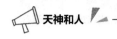

然理论上说,气态的熵相对于液态更大一些)。从中慢慢分离出天地、万物(形成各种有序的个体)。因此,虽然各个民族天南地远,创世神话不约而同地描述了一个熵减小的过程。是一种人们广为接受的宇宙起源假说。

目前的说法认为,宇宙的源头是个奇点,通过一次大爆炸诞生了宇宙。大爆炸开始于约150亿年前,奇点体积极小,密度极高,有极高的温度。空间和时间诞生于某种超时空或称之为量子真空,其中充满着与海森伯不确定性原理相符的量子能量扰动。在宇宙诞生的最初极短时间内,宇宙迅速从统一场分离成四种基本力场,同时从纯能量形成最底层粒子,时空分离出来,到了35分钟之后,就形成了原子;到了30万年后,由于物质在空间的不均匀分布,在引力的作用下逐渐形成了一些密度核,并以此为基础形成恒星和恒星系统,才逐渐过渡到我们认识的这个宇宙。将大爆炸理论和各个创世神话对比,除去最初一段时间内的各种物理细节不谈,总体上也是从彼此不分的混沌状态逐渐演化出万物。科学发展到今天,基本哲学思想居然和几千年前创世神话没什么不同。

神话说到底还是讲故事。在众多的创世神话中,最具故事性、神秘性的要算是古印度神话和玛雅(阿兹特克)的神话了。

2. 印度玄天道尊

南印度的米纳克希安曼神庙(图1.12)是印度教一大圣地,坐落在古城马杜赖中心,构成印度最大的寺庙建筑群之一。从6米高的围墙向外窥望,如灯塔般指着15 000名信徒每天来到坦米尔纳杜邦进行朝圣之旅。这座神庙供奉印度教帕尔瓦蒂转世的米纳克希女神,是印度少数膜拜女性神祇的宗教纪念性建筑。相传米纳克希拥有一对状如鱼眼般的完美双眼,象征生殖力与爱情。神庙中有数量巨大的性爱雕像,说明它们反映的应该是人类的童年,也就是神话产生的时期。

图1.12 米纳克希安曼神庙

在印度神话中,开天辟地之初,宇宙是一片混沌。在这混沌中,逐渐产生了意识,这就是原人普鲁沙。在经过漫长的时间之后,原人从自己的身体中分化出了创造之神大梵天,而原人自己则化为了宇宙中的物质基础。大梵天用普鲁沙的身体为材料造天地,造万物,当世界都已经成型,大梵天从自己心中生出了十位仙人,命令他们帮助自己造物。

这十位仙人于是被称为生主。大地上开始生机勃勃,三界(天地人)中充满了形态各异的生灵。首先出现的是被称为提婆的天神们,他们有优秀的能力、漫长的生命和完美的容貌;之后产生了他们的表亲阿修罗,这是一个有着和天神们不相上下能力而单就战斗而言比天神更优秀的种族。天神们创造了人类,作为自己在大地上的代表。之后,大梵天为了寻找真正完美的生命形式,又创造了众多的亚神,于是有了龙族（那伽）、乾闼婆和阿布莎罗。但是在创世后期，大梵天逐渐开始力不从心，造物中出现了众多的失败产物，魔鬼和恐怖之灵因此而生。与此同时，一直和提婆们分庭抗争的阿修罗族中也出现了异变，众多的阿修罗在成长过程中突然发生了突变，成为无脑的怪物，对天界造成了极大的破坏。由于无法解决这一问题，天神和阿修罗间爆发了持久的争执，厌倦的大梵天最终宣布阿修罗是下贱的种族，将其逐出了天界。阿修罗不服，遂以天神无法干涉到的地界为根据地，向天神发起了挑战。天神和阿修罗的战争持续了三千年之久，在这三千年中，阿修罗族和天神中的英雄和伟大王者们层出不穷，从而使这场三千年战争变得更加炽热和残酷。在战争的初期，大梵天就已经隐隐预感到自己的能力已经无法支持下去，而新的宇宙神祇必将出现，于是从他的额头上诞生了年轻的风暴之神湿婆——鲁奈罗，而在主宰天界的因陀罗家族中因大梵天之意志诞生了最小但最强有力的全能者毗湿奴——那罗衍。

被称为青空之神祇的鲁奈罗和可以干涉空间的"三步跨越宇宙者"毗湿奴成为天神们最强有力的支持者和庇护者。鲁奈罗接手了天界的战神之位，而毗湿奴则用他的能力给予天神们后方支持。巴利是阿修罗们道德最高尚的王者，一个真正的帝君，曾经带领阿修罗们攻占了整个天界，把天神们逼到了走投无路的境地；但那时还是一个幼小孩子模样的毗湿奴找到了巴利，请求他给予三步之地以容身；巴利没有怀疑这个小孩，慨然应允。结果，他目瞪口呆地看着毗湿奴轻而易举地现出了宇宙相，扭曲了空间，三步就跨越了整个宇宙。巴利和他的阿修罗们被迫退回到了地界，他这样做是因为他信守诺言，同时也是被新生的毗湿奴的力量所震慑。在那之后，毗湿奴被认可为和梵天具有同等地位的宇宙的守护神。后来很长的一段时间中，天神对阿修罗的战争都处于绝对的优势中，毗湿奴一次又一次地用智谋和能力打败了所有企图攻占天界的阿修罗王，包括残暴的希罗尼耶格西布和野心勃勃的希罗尼亚克夏。但是，谁都没有想到战争后来会发生戏剧性的变化：提婆中最优秀最强大的神祇之一月神苏摩，劫走了天界的导师祭主之妻，并带着天神们的永生之力投向了阿修罗的阵营，使双方的实力对比大为改变。战争再次在天神和阿修罗间爆发，而且比以往任何一次的战争都来得规模空前和狂热；在战争中，作为天界军事统帅的年轻的鲁奈罗显示出了非凡的力量。他打败了当时最有实力的阿修罗导师金星之王乌沙纳斯，并且把战争的罪魁祸首苏摩劈成了两半。战争结束了，阿修罗再一次遭到了惨败，但悲剧并没有结束。鲁奈罗显然是因为厌倦了战争的缘故而很快和生主之一达刹的女儿萨蒂坠入爱河，但是他们没有得到女方父亲祝福的婚姻却带来了灾难性的后果；在一次争执后，萨蒂因为丈夫被父亲侮辱而跳火自杀了。愤怒的鲁奈罗像风暴一样冲进了众神的祭典，造成了巨大的破坏，在他和闻讯赶来的毗湿奴之间爆发了天界有史以来最恐怖的一场战斗，几乎使整个宇宙重新退回混沌的状态。虽然毗湿奴最终获胜，但显然鲁奈罗所表现出来的巨大威力同样体现了宇宙的精神，于是他从此之后被称为湿婆，并且被认可为继毗湿奴之后第二个有资格和大梵天平起平坐的大神，即毁灭之神。他的能力乃是干涉时间（迦罗）和操纵自然元素。

在那之后又过了很长的时间；当湿婆娶了萨蒂的转生雪山神女为妻后，执管创造、护持和毁灭的三大神构成了微妙的平衡；而历史就在这种平衡中持续着。然而，这种平衡不久就被残酷地破坏了。

在阿修罗遭到了无数次败绩后，有一个阿修罗，毗婆罗吉提和底提的儿子，拥有所有生灵都望尘莫及的幻力和大梵天一样创造才能的大德者摩耶，决定要寻找一种方法，使阿修罗永恒地摆脱这种被诅咒的命运。在这种决心的驱使下，他苦修千年，并使整个宇宙都受到了震动。最终，摩耶通过这种苦行获得了和三大神并驾齐驱的宇宙之力，

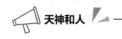

甚至超过了他们。天帝感到这个意志坚定的阿修罗的存在对天界是个巨大的威胁，但这时他却无法去攻打阿修罗，因为彼时摩耶在大梵天的意志中修建了巨大的三连城陀里菩罗，并让所有的阿修罗都定居在城中，而天神的能力是对这座城市无能为力的。此时阿修罗也开始分裂，一派阿修罗希望能以摩耶的能力来解决自身的问题并和天神达成和平，而其他一些阿修罗则建议以三连城为据点向天界发起总攻。摩耶则夹在这两派人中左右为难。终于好战派的意见占了上风，而摩耶的力量则为阿修罗们提供了再好不过的基础。天神们被阿修罗打得落花流水，最终只能向三大神求助了。

三大神首先是和摩耶手下的阿修罗战斗，当所有的阿修罗都无法抵御三大神的攻击后，摩耶本人决定向宇宙的权威挑战了。三大神和摩耶之间的战斗甚至比曾经在湿婆和毗湿奴之间爆发的战斗更加惨烈和白热，因为摩耶通过苦行获得的力量已经超出了想象的范围。天界被毁掉了2/3，而人界和地界几乎完全被摧毁了。宇宙生灵，包括天神、人类和阿修罗，都陷入了灭顶之灾。摩耶对这种情况感到绝望，因为令世界走向毁灭不是他的本意。他试图和三大神谈判，想要得到阿修罗族逃离诅咒的方法，但大梵天告诉他甚至是创造出阿修罗族的大梵天本人也对阿修罗的命运无能为力，决定这一切的乃是很久前就已经消失并且将自己的力量分散在三大神身上的原人普鲁沙的意志。摩耶再次感到绝望，如果普鲁沙无法重新出现，那么宇宙将在他们四个的力量下崩溃，而且阿修罗族将永远得不到拯救。

但是最终，当情况已经发展到万分危急的时候，三大神达成了一致，决定尝试用自己全部的力量合而为一令普鲁沙再次出现；而摩耶则决定牺牲自己的生命来完成这个可怕的祭典。当月亮进入鬼宿星座的时候，三大神将自己的力量集中在了湿婆的弓箭上；而湿婆向作为祭品和三连城合一的摩耶发射了一箭。祭典成功了。在末世的混乱和恐慌之中，原人普鲁沙，宇宙的最高意志，以毗湿奴之姿出现了。

破碎的世界得以修复，战死的天神和阿修罗得以复生，而阿修罗的特质终于得到了更改。但是摩耶永远地消失了。而三大神在普鲁沙消失后也随之神秘地失踪。天神们用尽所有的办法，依然没有人知道曾经凌驾于宇宙一切生灵的创造之神、护持之神和毁灭之神去了哪里。他们在这个宇宙中失去了踪迹，就像他们从来没有存在过一样。

3. 阿兹特克五个太阳神话

在玛雅神话中，从他们的世界诞生，到他们的世界毁灭。作为一个资料本身就相当稀少的神话（文化），阿兹特克神话（图 1.13）一直是个相当冷门的神话。

阿兹特克文化是印第安族系阿兹特克人在今墨西哥中部所建古代文明，算是中南美洲的新兴文化。阿兹特克人在公元 12 世纪后期从北方迁居墨西哥盆地。1325 年建立特诺齐蒂特兰城（今墨西哥城），后渐向外扩张，征服周边部落，形成强大帝国。它建有庞大的灌溉工程系统，在绘画、陶塑方面均有建树。1519—1521 年，被西班牙殖民者所摧毁。

图 1.13　阿兹特克神话

五个太阳的所有创世神话都是从"世界并不存在"的那时开始的。

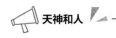
天神和人

在阿兹特克神话中,一切开始于世界诞生前的虚无,只有一位神祇在一切之前诞生了。这位神祇叫做奥梅堤奥托(Ometeotl),名字在纳瓦特尔语中是"双神"或"双王"的意思。他既是男性又是女性,既是天又是地,既是光明又是黑暗,既是火又是水,既是秩序又是混乱。总而言之,他是一个对立而统一的个体,他既有男性的一面(奥梅堤库特里 Ometecuhtli),也有女性的一面(奥梅希瓦托 Omecihuatl)。

他的四个孩子分别是西佩·托堤克(Xipe Totec,剥皮之主),特斯卡特利波卡(Tezcatlipoca,烟雾镜),魁札尔科亚特尔(Quetzalcohuātl,羽蛇),维齐洛波奇特利(Huitzilopochtli,来自南方的蜂鸟)。正是这四位神祇创造了世界。

第一个成为太阳的是特斯卡特利波卡。但他成为太阳这件事让羽蛇神十分不满,他最终用石榔头把自己的哥哥砸落进了海中。没有了太阳,世界一片漆黑,而愤怒的特斯卡特利波卡变成了美洲虎,将自己的子民全部吞噬殆尽。第一太阳纪就此灭亡。这一太阳纪被称为"美洲虎纪元"。

在第一太阳纪被毁灭后,羽蛇神魁札尔科亚特尔成为了第二位太阳。但随着他的统治时间越来越久,这个世界的居民开始忘记对神的敬仰,最终特斯卡特利波卡毁灭了这个世界。他刮起了一场飓风,所有的一切都被摧毁了,只有很少一些居民幸存了下来,但他们都被特斯卡特利波卡变成了猴子。这个太阳纪被称为"强风纪元"。

雨神特拉洛克(Tlaloc)成为新的太阳。而特斯卡特利波卡诱奸了他的妻子索奇奎特萨尔,悲伤的特拉洛克在很长一段时间里什么也不想做。这导致了长时间的干旱,人们不断祈祷下雨,不胜其烦的特拉洛克最终降下一场火雨。它的居民被变成了鸟,这个纪元就此毁灭。这个纪元被称为"暴雨纪元"。

第四个太阳纪由特拉洛克的新妻子(一说妹妹)查尔丘特里魁

（Chalchiuhtlicue，翡翠裙）统治。她是位仁慈且善良的统治者，但烟雾镜攻击她，说她只是个伪善者，只不过是想以此获得人们的赞扬。查尔丘特里魁最终被他的语言压垮，她整日哭泣，世界降下大雨，洪水毁灭了一切。这个世界的居民最终变成了鱼。这个纪元被称为"洪水纪元"。

而在四个太阳纪毁灭后，诸神终于开始创造我们现在生活的第五个太阳纪，但他们不想重蹈之前失败的覆辙。在众神之城特奥蒂瓦坎的集会上，他们决定改变之前的做法，相互争斗的诸神终于携手合作。特斯卡特利波卡（烟雾镜）和魁札尔科亚特尔（羽蛇）联手抓住了游弋在世界海洋中的怪物特拉尔泰库特利（Tlaltecuhtli）。战斗中，特斯卡特利波卡失去了一条腿，而他们最终将她撕成两半，一半成为天空，一半成为大地。之后，第五个太阳诞生了——关于这个太阳究竟是谁，不同版本的神话众说纷纭。但按照阿兹特克"年历石"上的"官方"说法，这位成为太阳的神叫托蒂纳乌（Tonatiuh），他是阿兹特克人心中的第五位太阳神。

1.2 希腊神话体系

古希腊神话即口头或文字上一切有关古希腊人的神、英雄、自然和宇宙历史的神话。古希腊神话是原始氏族社会的精神产物，也是西方世界最早的文学形式，大约产生在公元前12世纪到公元前8世纪之间，内容涉及诸神与世界的起源、诸神争夺最高地位及最后由宙斯胜利的斗争、诸神的爱情与争吵、神的冒险与力量对凡世的影响，包括与暴风或季节等自然现象和崇拜地点与仪式的关系等。

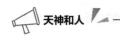

古代希腊神话初期,生产力发展水平低下,神话就成了远古人类借助想象而征服自然力的产物。由此,古代希腊神话必然包括神的故事和人与神之间的关系、冲突的故事,即英雄和传说两个方面。神的故事更明显地反映了古代人类把强大的自然现象形象化的丰富想象力,涉及宇宙和人类的起源、神的产生及其谱系等内容。英雄传说则是起源于对祖先的崇拜,主要是对可能具有某种历史性的传奇人物及相关事件的崇拜和理想化,反映了远古人类的生存活动和与自然进行的顽强斗争。这类传说中的主人公大都是神与人的后代,半神半人的英雄。他们体力过人,英勇非凡,体现了人类征服自然的豪迈气概和顽强意志,成为古代人民集体力量和智慧的化身。

古希腊神话故事是一代代希腊人集体创作的结晶。神话起初口传,后来见之于书面文字。它的最早的传世书面文献当推《荷马史诗》(图 1.14)。史诗中除了主体故事外,还提及了许多其他的神话故事,那些故事显然在当时也是广为流传的。在荷马之后不久有古希腊诗人赫西奥德的长诗《神谱》,扼要地记述了许多神话故事,并且力求把那些故事谱系化。古希腊悲剧的题材基本都是取材于神话,是(剧)作家对那些神话故事的现实理解的戏剧体现。公元前 3 世纪之后希腊化时期的亚历山大里亚学者们在对古典作品的收集和注疏中,对古希腊神话的收集和保存作出了巨大的贡献,一些诗人则在学识性原则的指导下,发掘出许多鲜为人知的神话典故。它们除了出现在《荷马史诗》《神谱》《工作与时日》《伊利亚特》《奥德赛》《变形记》等经典作品以外,还有埃斯库罗斯、索福克勒斯和欧里庇得斯的戏剧。希腊神话和传说中最有名的故事有特洛伊战争、奥德修斯的游历、伊阿宋寻找金羊毛、赫拉克勒斯的功绩、忒修斯的冒险和俄狄浦斯的悲剧等。

古希腊民族在发展过程中曾几经变迁,他们的神话观念也在这种

图 1.14　荷马史诗

变迁中不断发生变化。这种变化的基本特点是由自然崇拜转向人性崇拜。人们所熟悉的这一时期的希腊神话的基本特点是人按照自己的形象创造神，神既有人的体态美，也有人的七情六欲，懂得喜怒哀乐，有善恶，有计谋，参与人的活动，赋予神以人形、人性，甚至人的社会关系。希腊神话中的神个性鲜明，没有禁欲主义因素，也很少有神秘主义色彩。神和人的基本区别在于神强大，常生不死，生活闲逸快乐，随意变形，各具特殊本领和巨大威力。其好恶态度对下界人类的生杀祸福起着决定作用；人类弱小，生命有限，有生老病死，生存艰辛，不得不经常求助于神明，但也常常诅咒神明作恶。古希腊人崇拜神，但并不赋予神明过分的崇高性，也不把神明作为道德衡量的标准，而是把他们作为人生的折射。古希腊人同时赞美人，赞美人的勇敢和进取精神。古希腊人批评骄傲、残忍、虚荣、贪婪、暴戾、固执等人的性格弱点，并且认为往往正是这些性格弱点造成人生悲剧。

1.2.1　古希腊神话的历史

古代希腊神话是欧洲文学的开端。其神话的发展历程，大致可以分为四个阶段。

第一阶段：公元前 12 世纪到公元前 8 世纪启蒙时期

这是氏族社会向奴隶制社会过渡时期，史称"荷马时代"或"英雄时代"，社会文化的主要表现方式是神话和史诗。

第二阶段：公元前 8 世纪到公元前 6 世纪个性化时期

这是奴隶制社会形成的时期，神话故事记录多以抒情诗、散文、寓言等形式出现。抒情诗是氏族社会解体后出现的诗歌形式，没有氏族庇护的人们，摆脱了氏族重视集体情感的意识和传统的束缚，个人的遭遇引起了种种复杂的情感，抒发个人自由和个人独立自主情绪的抒情诗日益发展起来。抒情诗源于民歌，多以双管、排箫和竖琴伴唱，主要体裁有哀歌、讽刺诗和琴歌，反映上层贵族的情趣。

第三阶段：公元前 6 世纪到公元前 4 世纪戏剧存留时期

奴隶制城邦全盛期，史称"古典时期"。这时期雅典文学起到了记录社会事件、延承文化发展的作用。表现形式包括悲剧、喜剧和文艺理论等，其中戏剧成就最大。最著名的就是三大悲剧诗人埃斯库罗斯、索福克勒斯、欧里庇得斯和著名的喜剧诗人阿里斯托芬。他们都有许多神话和传说留存于世。在古希腊，文艺理论和美学是哲学的组成部分，因此，当时杰出的文艺理论家和美学家，也是著名的哲学家。比如，文艺理论家的代表是柏拉图和亚里士多德。

第四阶段：公元前 4 世纪末到公元前 2 世纪中叶延展时期

奴隶制衰微时期，亦称"希腊化时期"。文化的社会表现形式是新喜剧。代表剧作家是米南德，写作家庭喜剧。公元前 146 年，希腊被罗马灭亡，宣告了希腊化时代结束。

1.2.2　希腊神话体系

1. 第一代神灵：天神与地神

任何神话，都要从世界和人类的起源讲起。在古希腊神话中，赫卡忒（Hecate）是原始天神。

通过单性繁殖，赫卡忒生有：大地女神该亚（Gaea）、黑暗之神俄瑞波斯、黑夜女神尼克斯、爱神厄洛斯。

该亚生下天神尤里诺斯（Uranus），海神彭透斯。

尤里诺斯后来又与该亚匹配成婚。

黑夜女神尼克斯生有：死神坦那托斯、睡神希普托斯、复仇女神墨涅西斯、不和女神厄里斯、毁灭女神凯雷斯、命运女神莫伊莱。

黑暗之神俄瑞波斯与黑夜女神尼克斯婚配后生有：太空神埃特耳、光明神赫墨拉。

尤里诺斯与该亚婚配生下十二泰坦神（the Titans）。

2. 十二泰坦神

这十二个泰坦神包括六男六女，后来组成了六对夫妇。

克洛诺斯（Cronus）：该亚与尤里诺斯的十二个泰坦儿女中最年幼者。和平之神，弑父而成为第二任神王。亦被自己儿子推翻，后来逃亡到意大利，建立自治政权。

瑞亚（Rhea）：克洛诺斯之妻。

欧申纳斯（Oceanus）：或称俄刻阿诺斯，水之神。生育了地球上所有的河流及三千海洋女仙。

泰西丝（Tethys）：欧申纳斯之妻。

海泼里恩（Hyperion）：光之神。太阳，月亮和黎明之父。

西亚（Thea）：海泼里恩之妻。

尼莫西妮（Mnemosyne）：记忆之神。九位缪斯（文艺女神）之母。

爱泼特斯（Iapetus）：普罗米修斯，厄毗米修斯和阿忒拉斯之父，尼莫西妮之夫。

克瑞斯（Crius）：生长之神。

忒弥斯（Themis）：秩序和正义女神。命运女神和四季之母。克瑞

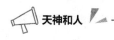

斯之妻。

菲碧（Phoebe）：月之女神。

考伊斯（Coeus）：智力之神。菲碧之夫。

由于天神尤里诺斯贪恋权力，他把该亚生下的这些孩子都抛弃到了遥远的地狱。地母该亚对此深为不满，就唆使最小的儿子克洛诺斯用镰刀阉割了父亲。溅飞的精液再次使地母该亚受孕，生下复仇三女神：阿勒克托、提西福涅和墨盖拉。除此之外还有巨人族和白橡树仙女。

克洛诺斯杀死了父亲，获得了王位，也把泰坦众神解救了出来。克洛诺斯和瑞亚，生下三个女儿：赫斯提亚、得墨特耳和赫拉以及三个儿子：哈德斯、波塞冬和宙斯。

3. 宙斯夺权

（1）推翻克洛诺斯

克洛诺斯比他父亲还要专横，为了保住王位，每当他的孩子出生，他就一口把孩子吞掉。到最小的孩子宙斯出生时，瑞亚设计骗过丈夫，顺利地把他生了下来并送给白橡树仙女抚养。宙斯长大后，和母亲一起用催吐剂让父亲吐出了吞下去的五个哥哥姐姐。

宙斯又联合十二位原始泰坦神中的五位，在独眼巨人和百手巨人的帮助下，经过十年激战，终于推翻了克洛诺斯的统治，确立了宙斯的统治地位。

（2）奥林匹斯山神

在宙斯的统治下，奥林匹斯山很快建立了一支众神队伍，他们是：

宙斯——万神之王，司天堂、暴风雨、雷鸣和闪电；

赫拉——天后，司女人、婚姻和生育；

波塞冬——海神；

得墨特耳——谷物和耕作女神；

狄俄尼索斯——酒神、狂欢之神；

雅典娜——智慧女神，司艺术、发明和武艺；

赫淮斯托斯——火神，工艺、煅冶之神；

阿佛洛狄忒——爱情女神；

阿瑞斯——战神；

阿尔忒弥斯——月亮和狩猎女神；

阿波罗——太阳神，司音乐、诗歌、艺术、预言、雄辩和医术；

赫耳墨斯——神的使者，司旅游、商业和贸易。

冥王哈德斯是最强大的神，但他很少从冥界出来，也不算奥林匹斯山神。在奥林匹斯山神中，波塞冬、赫拉、得墨特耳是宙斯的兄弟姐妹，而阿瑞斯（赫拉生）、雅典娜（墨提斯生）、阿尔忒弥斯和阿波罗（迈亚生）、狄俄尼索斯（塞墨勒生）则是他的孩子。真真正正可以算是一个家族统治了（图1.15）。

4. 神、人及其后代

除了诸神自身迅速扩展外，在希腊神话中，许多神还与凡人有染，生下了许多有名的后代。这些神人的后代也是希腊神话传说中的主要角色。比较著名的有：

宙斯与塞墨勒，生下了酒神狄俄尼索斯；

宙斯与达那厄，生下英雄珀耳修斯；

宙斯与阿尔克墨涅，生下英雄赫拉克勒斯；

宙斯与勒达，生下阿尔戈英雄波吕丢刻斯和绝世美女海伦；

宙斯与卡利斯托，生下阿尔喀斯；

宙斯与伊俄，生下厄帕福斯，后成为埃及国王；

宙斯与欧罗巴，生下弥诺斯和拉迪曼提斯；

宙斯与埃特拉，生下英雄忒修斯；

波塞冬与美杜莎，生下克律萨索斯和双翼马佩伽索斯；

赫拉与伊西克翁，生下半人半马；

图 1.15　希腊众神像和奥林匹克神殿

厄洛斯与刻法洛斯，生下法厄同；

特提斯与佩琉斯，生下英雄阿喀琉斯。等等。

5. 罗马神话与希腊神话

罗马神话是因袭希腊神话而来，并没有独立的神话谱系。所以罗马神话中的诸神与希腊神话中的诸神基本上是重复的，只是这些神话人物有了自己的罗马名字。以下是他们的希腊罗马名字对照：

宙斯——朱庇特

赫拉——朱诺

波塞冬——尼普顿

得墨特耳——刻瑞斯

狄俄尼索斯——巴克斯

雅典娜——密涅瓦

赫淮斯托斯——伏尔冈

阿佛洛狄忒——维纳斯

阿瑞斯——玛尔斯

阿尔忒弥斯——狄安娜

阿波罗——阿波罗

赫耳墨斯——墨丘利

哈里斯——普路托

赫斯提亚——维斯塔

1.2.3 希腊神话故事

1. 从映像到传说再到神化　神话英雄是文学的再创造

希腊神话时代的神祇出现在各个领域，天空、海洋、树林、溪流、无处不闪烁着他们的光芒。各种各样的神和各种各样的人一起，共同生活在这个热热闹闹的宇宙之中。我们今天所看到的希腊神话，是人们在追溯那个遥远时代的浪漫情怀和动人音律的过程之中，用自己的想象与情感再创造出来的。

很多人在读希腊神话的时候都惊诧于其体系的完整和庞大。不过，这样的一个体系不是被现成地摆在我们面前的，而是现在的人们从古代流传下来的文字资料中收集、整理出来的。也就是说，古希腊人自己并没有给我们留下一部全面记述完整希腊神话体系的作品。我们所读到的这许许多多的神话故事，本是散落在古代作品的各个角落里的，它们作为古希腊文明的一部分，早已渗透到古希腊人的日常生活之中。所以，要想看到众神的最原始的踪迹，还是要从古希腊开始。

在古希腊，绝大多数的神话故事是来自荷马的《伊利亚特》和《奥德赛》以及赫西俄德的《神谱》的讲述。荷马诗史主要讲述的是英雄的故事，中间穿插着诸神的活动；而《神谱》则是第一部比较系统地

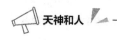

总结众神起源演变的作品。但是,《神谱》所收集的内容在我们今天看来仍然是很不完整的,因为在它之后希腊神话又得到了许多的继承和发展。

第二批描绘神话图景的人主要是古希腊的悲剧作家们。以埃斯库罗斯的《被缚的普罗米修斯》,欧里庇得斯的《美狄亚》,索福克勒斯的《俄狄浦斯王》和《安提戈涅》等一系列精彩作品为代表的古希腊悲剧作品再次极大地丰富了神话的库存。在这些悲剧中,英雄(或者说人)始终是舞台的中心和受关注的焦点,在古希腊,对人自身的关怀和审视达到了顶峰。除此之外,在希腊文学的其他形式以及希腊宗教、建筑、绘画艺术等各个方面都可以搜寻到神话的踪迹。但是,神话系统的主要来源还是文学。

希腊神话并不只是由希腊人发展起来的,这里面也有罗马人的功劳。罗马人在很大程度上继承了希腊的神话体系,并用他们自己的方式加以诠释和发展,使其与罗马人的原始神祇一起构筑起罗马人自己的神话。我们常常可以在罗马的文学作品和历史著作中找到希腊神话的影子,比如维吉尔的《伊尼尔德》开头就有一段关于特洛伊战争的叙述。所以,现在的学者们往往将希腊罗马神话作为一个统一的遗产来对待,也只有这样,我们才能更好地体会到希腊神话曾经得到延续的生命与脉搏。

2. 神族的"三代领导核心"

在希腊神话中,神族的产生和演变是相当复杂的。到目前为止,学者们已经给出了许许多多不同的版本。尽管如此,在神史的最主要环节上,绝大部分版本还是能够达成一致的。

开天辟地之时,宇宙还是一片混沌,直到地母该亚诞生,宇宙中才有了生机。该亚自己生下一个儿子,使其成为天神,取名叫尤里诺斯。尤里诺斯与其母结合,该亚又生下了泰坦众神以及其他两群长相凶恶,力量强大的神祇。这样，天神、地母以及他们的一大群孩子就构成了开天辟地以来的第一代神祇，尤里诺斯成为家族之首。

然而，这个大家族生活得并不幸福。尤里诺斯讨厌自己的孩子们，将他们一批批地流放到遥远的地狱深处——塔塔洛斯（Tartarus，开天辟地之后先于该亚诞生）。该亚无法忍受这种残酷的行为，于是与自己的一个儿子，泰坦神之一的克洛诺斯密谋推翻尤里诺斯的统治。克洛诺斯在母亲的帮助下用一把镰刀阉割了父亲。尤里诺斯的精液溅到该亚身上，使她孕育出了他们的最后一群孩子——复仇三女神（the Furies）。克洛诺斯将父亲流放到地狱，同时解放了自己的哥哥姐姐。此后，克洛诺斯娶了自己的一个妹妹瑞亚为妻并与其生下了许多孩子，他自己则成为第二个统管宇宙的神。

但是好景不长。克洛诺斯跟他的父亲一样惧怕自己的孩子。他害怕他们当中的某一个会在将来推翻自己，就如同他推翻其父尤里诺斯一样。于是，每当一个孩子出生，克洛诺斯就将其活活吞进肚里。就这样，他先后吞下了赫斯提亚（Hestia）、狄米特尔（Demeter）、赫拉（Hera）、波塞东（Poseidon）和哈德斯（Hades）。作为母亲的瑞亚当然十分痛苦，于是，当第六个孩子宙斯（Zeus）出生时，她悄悄地将他藏在了克里特岛（Crete），并拿裹着布料的石块给克洛诺斯吞下。宙斯在克里特岛顺利地长大，当克洛诺斯发现他的时候，一切都太晚了。宙斯在祖母该亚和一部分同情他的泰坦神的帮助下打败了自己的父亲，并强迫其吐出了自己的五个哥哥姐姐。之后，宙斯将所有反对他的神都赶进了地狱，而他自己则与他的两个兄弟波塞东和哈德斯抓阄来分割宇宙的统治权。结果，宙斯统治天空，哈德斯掌管地下，波塞东占据了全世界的海洋。

大局既定，宙斯便满意地同家族里的其他11个成员一起住进了奥林匹斯山。在那里，这12个神共同统治着整个宇宙，人们称他们为奥林匹斯众神，宙斯理所当然成了众神之王。奥林匹斯众神代表了所有

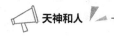

的新生代神祇，是美丽、力量、智慧与文明的象征。

3. 从混沌到文明人类的理性社会进程

在古希腊人眼中，宇宙是变化运动着的。而且，这种变化和运动不是在同一条水平线上，而是呈螺旋上升趋势。每一个新神统治权力的确立看起来好像是对旧神的经历的简单重复，但实际上每一代新生神祇都比老一代神祇更加靠近文明，并且他们的统治也更加有秩序。

很有代表性的一点是乱伦现象。在第一代神中，该亚与尤里诺斯既是母子又是夫妇，这种关系在现代人看来几乎是最荒谬且无法忍受的不道德行为。而到了第二代和第三代神祇，情况就稍稍好了一些，因为克洛诺斯和瑞亚，宙斯和赫拉都是兄妹关系，但这仍然是违背伦理的。但是在最后，当宙斯的子女，如雅典娜、阿波罗等出生之后，任何形式的乱伦都是不被接受的，无论是在神界还是在人间。由此，我们可以很清楚地感受到古希腊人对宇宙秩序的认识的上升和他们自己的社会的前进步伐。

还有一个很值得注意的现象就是，每一代神祇的"综合素质"都在不断地提高。该亚与尤里诺斯在神话中几乎没有任何关于形体和力量的描绘，其形象是很抽象很原始的。而以克洛诺斯为代表的泰坦众神比起他们的父母来就强多了，他们不仅强劲有力，还在神族发展中起到了决定性的作用。此后，宙斯和他的兄妹们以人的形体出现（当然，那时候还没有人），推翻了旧一代神祇不合理的统治，开创了宇宙的新局面。而且，经历了长期、混乱的战争之后，宙斯和他的兄弟们终于不再像他们的父辈那样将宇宙的分割问题诉诸武力，而是安静地坐下来用抓阄这种很公平的方式来决定。同时，宙斯也不再像旧一代神祇那样野蛮地驱赶和吞噬自己的儿女；相反地，他愿意在自己略高一等的前提下与家庭中的其他11个成员分享宇宙的统治权，这已经是非常难能可贵的了。至此，宇宙经历了从混乱到有序的一个明显的转折。然而，此时的宇宙也只不过是有了最基本的秩序与常规，宇宙真正的开化是由以阿波罗、雅典娜、阿芙罗迪特等为代表的最年轻一代神祇来完成的。这一代新生神祇的出现，给宇宙带来了真正意义上的文明——艺术、诗歌、音乐、智慧、力量和高度凝聚的美感始终围绕在他们的周围。他们教会妇女技艺，赐予诗人灵感，引导英雄们完成自己的使命。这一代神，可以说是整个神界的真正活力所在。

由此可见，希腊神话系统的最初演变是一个由混沌到文明的过程，而这个过程也正是人类社会从蒙昧到开化的过程在神话中的折射。其实不止希腊神话，很多民族的神话都遵循着这样一个轨迹，因为这正是人类历史向前发展所遵循的轨迹。

4. 宙斯的"情丝"连起了众神

希腊神话这个庞大的体系主要是由两大版块组成，一个是神的传说，一个是英雄的故事。这两个版块并不是各自独立的，相反，它们的高度交错往往令我们眼花缭乱。乍一看，这个纷繁的网络好像根本没有一个头绪，但事实上，喜爱幻想的古希腊人已经用一种相当浪漫的方式解决了这个问题。

在读希腊神话的过程中人们会发现，除了威严与力量，多情的宙斯还有一个拈花惹草的坏习惯，以至于赫拉每天红着眼睛跟在他后面。就目前的体系来看，宙斯的情人有 150 位之多，而私生子女的数目又远在这个之上。如果我们把他的情人们按照神和人分为两类就会发现，宙斯与女神们所生的孩子是新一代的神，而宙斯与人类女子所生的孩子都成了人群中的佼佼者，也就是说，他们中的绝大多数都成为神话中大名鼎鼎的英雄人物（图 1.16）。比如，宙斯与赫拉生下了战神（Ares）和火神（Hephaestus），而这两个神均在奥林匹斯 12 神之列，此外，赫尔墨斯（Hermes）、雅典娜（Athena）、阿波罗（Apollo）、阿特米斯（Artemis）等奥林匹斯神以及缪斯女神（the Muses），美惠三女神

（the Graces）、冥后帕尔塞弗涅（Persephone）等都是他的子女；再看英雄，著名的赫拉克勒斯（Heracles）、帕尔修斯（Perseus）、成为双子星的孪生兄弟 Caster 和 Pollux 等都是宙斯的私生子，更别提把人间搅得沸沸扬扬的海伦（Helen）了。

图1.16　宙斯的英雄后代

除此之外，无论是神界诸神，还是人间的英雄、统治者、先知都多多少少能跟宙斯本人扯上点血缘关系，不管这个关系绕了多少弯子。

由此可见，宙斯作为众神之王并不只是因为他的力量。古希腊人把他放在这个位置上是颇费苦心的。神话体系的庞大网络从宙斯出发，四向发散开来，神与英雄的故事交织在一起，共同构成希腊神话完整的全貌。

5. 神相同　神不同

奥林匹斯12神共同生活在希腊最高的山峰——奥林匹斯山上，他们各有各的管辖范围，也各有各的个性。奥林匹斯众神的精华是新生代神祇，也就是宙斯的子女这一辈，而在这一辈中，最能挑起推动文明进步这个大梁的莫过于阿波罗和雅典娜（图1.17）了。这两个神的品质合在一起可以说是基本具备了当时文明的全部特征：光明、真理、艺术、文学、智慧、力量、技艺、民主和美感。所以他们也算得上是新生代神祇的光辉典范。而其他的神祇，虽然各有各的本事，但都相对单一，不具有如此强的代表性。

图 1.17　阿波罗和雅典娜

12个神中有两个是管战争的，即阿瑞斯和雅典娜，但是，这两个战神有质的不同。阿瑞斯象征着男性的力量，但同时，在这种强大力量的背后是对战争的疯狂崇拜和血腥般的残酷。无论在哪里，只要有战争，人们都可以看到阿瑞斯的身影，而且战争的双方都向他祷告求胜。这就是说，阿瑞斯的参战是无条件的，他为战争而战，他所偏袒的那一方不一定是正义的那一方。总之，阿瑞斯所体现出来的是战争的暴力面。雅典娜也掌管战争，但是她的参战是有条件的，她只倡导为自卫或正义而战，并常常喜欢用智慧来赢得战争。她所体现的是战争中更加理性、更加进步的一面，这也正是胜利女神为什么总是站在雅典娜一边的原因——胜利并不是利用暴力就能得到的，人们向往的是更加平等、更加和平的生活。

作为12神中仅有的两个处女神，阿特米斯和雅典娜备受宙斯宠爱，但是这两个女神却有着截然不同的风格。雅典娜相对来说更加冷漠，她是所有女神中唯一一个没有绯闻的神。而且，雅典娜和阿波罗一样是一个城市（文化）神祇，她的品质与活动是与城市文明紧密相连的。再加上她又掌管战争，并且诞生之时全身铠甲从宙斯头中跃出，因此，她总是带着一种近似男性的强有力的美感并拥有相当理性的智慧。阿特米斯则截然不同，作为月神的她整天奔跑在山野树林之中，和一群女伴狩猎嬉戏，明亮健康又温柔可亲，还时不时地与某个美少年来个梦中相会。所以，阿特米斯不仅更像一个乡间神祇，而且是希腊神话中非常受欢迎的女神之一。阿佛洛狄忒也美，但是她的美带着一种情欲气息，相比之下就俗多了。

6. 神人产物的英雄　悲剧性的人物

潘多拉的盒子（图1.18）与被缚的普罗米修斯使人类从诞生起的那一刻就带上了悲剧的色彩，而古希腊的英雄们又在这一背景上抹上了凝重的一笔。古希腊语中，潘是所有的意思，多拉则是礼物。"潘多拉"即为"拥有一切天赋的女人"。她是希腊神话中宙斯用黏土做成的地上的第一个女人，作为对普罗米修斯盗火的惩罚送给人类的第一个女人。众神亦加入使她拥有更诱人的魅力。根据神话，潘多拉出于好奇打开了一个魔盒，释放出人世间的所有邪恶——贪婪、虚无、诽谤、嫉妒、痛苦等，当她再盖上盒子时，只剩下希望在里面了。

本来，英雄是神与人的儿子，有着超乎常人的美、力量、智慧与勇气，但是，介于人神之间的这个位置却处处渗透着无奈：无与伦比的功绩带来的是无法想象的痛苦；挑战神的雄心带来的是神明残酷的报复；想摆脱命运结果反而被命运控制得更紧。古希腊人将悲剧性的英雄主义与宿命论完美地融合在一起并注入活生生的躯体中，从而制造出一种心灵所无法承受的杀伤力。

图 1.18　潘多拉的盒子

值得注意的是，希腊神话中的英雄形象并不是平面化的。虽然他们的光辉令人目眩神迷，但他们的灵魂却是多面的。一般来说，绝大多数英雄都接受过很好的教育，他们不仅技艺超群，而且对诗歌、音乐、艺术和美有着相当高的领悟能力。他们理智却又冲动，坚强却又脆弱。当受侮辱的阿克琉斯（Achilles）独自坐在海边抚着竖琴悲伤地流下眼泪的时候，当不死的 Pollux 决定与死去的弟弟分享自己永恒的生命的时候，当提着美杜沙（Medusa）的头从空中经过的帕尔修斯（Perseus）因为看见大理石般苍白而美丽的安德洛美达（Andromeda）而忘记飞翔的时候，英雄们最真实、最柔弱的一面终于向我们敞开了。

英雄是人，但又不是人，这就是他们最深切的痛苦之所在，但这也正如此他们才能这样耀眼。虽然每个英雄都不完美，但是他们那流星一般的生命却给人们留下了十分唯美的印象。古希腊人对生命的追问和思索也因为英雄的传说而伸展到了极致。

7. 神和人

在人类所创造的众多神话世界中，希腊神话圈算是最热闹、最有趣的一个了。北欧的神话世界也很热闹，但是那种热闹是以一种肃穆宁静而且略带悲壮的氛围为背景的，绝不像希腊神话这般彻底世俗化。在希腊神话里，神与人的故事交织在一起，错综复杂。希腊的众神与其说是神，不如说是神化了的人。他们与人的区别仅在于形体与力量上，而在性情方面，神并不比人更像神。

　　就拿个人道德来说，希腊的神几乎都有七情六欲，很多神祇都干过不光彩的事情，以宙斯为首的奥林匹斯众神尤为明显。宙斯本人就非常频繁地通过各种途径去追求老婆以外的女人，为此，他变过牛，变过马，变过鹅，总之为了达到目的他什么都肯变。他的情人，上至女神，下至仙女，再至人间的公主，美少女，不胜枚举。有了众神之王作榜样，其他神当然多多少少也肆无忌惮起来。冥后是哈德斯用非法手段抢来的（宙斯对此睁只眼闭只眼）。阿佛洛狄忒嫁了火神却又与阿瑞斯私通，结果被丈夫捉奸，成为神界一大笑柄。三个女神为了比美而引出长达十年的特洛伊战争（图1.19）。阿波罗为了报复阿克琉斯向他的挑战而不惜采用卑鄙的手段，而且曾与妹妹阿特米斯一起残酷地杀死了尼俄柏（Niobe）的全部儿女。可以说，嫉妒、复仇、残暴、色情这些东西对希腊的神来说并不是禁区。虽然神话世界的总体面貌是有序的、公平的，但是各个细节的混乱使这个世界看上去非常喧哗，几乎

图1.19　特洛伊战争

到处都是纠纷。而神祇们一边要忙着主持公道，一边还要满足自己的私欲，看上去真的是很为难。

而乱上添乱的是，奥林匹斯众神不仅在山上吵架，还常常插手人间的事情。比如在特洛伊战争中，神祇们就自发地分成两支啦啦队，一支为特洛伊人修墙挖坑（阿波罗和波塞东），一支为希腊人摇旗呐喊（雅典娜和赫拉），把本来就十分惨烈的战争搞得越发不可收拾。而不得不采取中立态度的宙斯其实是最苦恼的了，到底帮哪边？战场上，一边是自己喜爱的英雄阿克琉斯，一边是虔诚的特洛伊人。回到家里，一边是老婆女儿，一边是兄弟儿子。呜呼哀哉！

人们在世间的经历，经过一番美化润色被搬到了奥林匹斯山上。古希腊人的想象力与幽默感实在让人心服口服。

8. 下地狱　开启绝望之门

在荷马所想象的奥林匹斯山上，每一朵花都为金色的阳光所笼罩，没有风暴雨雪，永远是最神圣的宁静，云雾封锁着它的入口，由四季女神掌管着。宙斯和他的家族居住在火神修建的宫殿里，喝着琼浆玉露，聆听美惠三女神迷人的歌声。与此同时，在碧波万顷的大海上，波塞冬架着金蹄白鬃的骏马，风驰电掣般掠过翻滚的海浪，就连躲藏在海底嬉戏的碧发的美人鱼也能感受到他的威力所带来的摇撼。然而，当活着的人还在享受现世的欢乐的时候，各种各样的亡灵却正在通过地狱之门坠入永恒的深渊——"入此门者，请放弃所有的希望。"（图1.20）

冥王哈德斯所统治的国度远没有他两个兄弟的迷人。在那个黑暗阴冷的地方，没有鲜花盛开，没有微风拂过，没有清泉涌出，更没有鸟儿歌唱，来来往往的只是人们绝望的灵魂。这是一个非常特殊的地方，因为奥林匹斯的光芒照射不到它，热爱生活的人们害怕靠近它，所以它在希腊神话的世界中有了自己独立的体系，成了一个国中国。

图 1.20　但丁的《神曲》中地狱篇的第三首——地狱之门

冥界分为两个部分，一个是塔塔洛斯（Tartarus），一个是伊利西亚（Elysium 或 Elysian）。塔塔洛斯是地狱最深的地方，自开天辟地时起就存在，那里不仅关押着在神话时代众神的战争中被打败的旧一代神祇，还是所有罪人死后要去的地方。因此，塔塔洛斯总是被一堵无比坚固的铜墙所包围，外面是层层黑夜。如赫西俄德所想象，一块铜砧从天上落到地上需要花九天九夜的时间，而它从地面落到塔塔洛斯也需要花同样长的时间。与塔塔洛斯相反，伊利西亚是一块供受神眷顾的人死后居住的美好的净土，古希腊的英雄当中有很多死后都去了那里。虽然它不像塔塔洛斯那样令人绝望，但也多多少少地沾上了地狱永久的忧郁与寒冷。

哈德斯是冥界的王，统管着这个黑暗的地下王国，也正由于这个缘故，他在众神祇中并不很受欢迎。他常常被描绘为坐在一张乌木椅上，手握权杖并戴着头盔。这个头盔是来自旧一代神祇的礼物，可以使他隐形。这种装扮再加上冥界的阴沉，使冥王显得十分强大而且冷酷无情。不过事实上，哈德斯的形象也是很多面化的，他也有无奈的时候。当俄尔甫斯（Orpheus）抱着竖琴来请求哈德斯使他死去的情人复活的时候，哈德斯因为被他凄美的琴声所打动而答应了他的要求。更有一次，哈德斯被大英雄赫拉克勒斯锁了起来，以至于地面上不再有人死去，亡灵纷纷复活，人间乱成一团，最后还是由宙斯出面摆平了此事。

与哈德斯相比，冥后帕尔塞弗涅就可爱多了。帕尔塞弗涅是宙斯与农神狄米特生的美貌女儿。一天，当她和她的女伴们在花园里采花的时候，大地裂开，哈德斯架着马车抢走了帕尔塞弗涅。狄米特失去了女儿，伤心欲绝，不再像往日一般在地面上巡视，人们于是开始承受第一个颗粒无收的寒冬。把这一切看在眼里的宙斯派神使赫尔摩斯去与哈德斯商量，要他放回帕尔塞弗涅。此时的帕尔塞弗涅已经成为冥界的王后，哈德斯十分宠爱她，但她仍然无法忘记明媚的阳光。无奈的哈德斯在帕尔塞弗涅离开之前给她吃了地府里的一颗石榴，这样一来，帕尔塞弗涅在一年之中就至少要有1/3的时间留在冥府，而在其他时间，她可以自由地留在地面上与她的母亲团聚。从此以后，每当帕尔塞弗涅在地面上时，狄米特让万物生长，而女儿返回冥府后，狄米特就闭门不出，这就是冬季的起源。

冥王与冥后成为很多画家喜爱的描绘对象。冥王常被画成一个身披黑袍健壮魁梧满脸胡子的中年男子；而冥后则多半是秀丽单纯的少女，手中拿着一个石榴，人们喜欢她，同情她，因为她给地狱带去了美与生命（图1.21）。

我们通常所说的"地狱"其实就是塔塔洛斯，它又分为好几层，地狱的入口处竖立着地狱之门。门上刻有铭文："通过我，进入痛苦之城，通过我，进入永世凄苦之深坑，通过我，进入万劫不复之人群。"

离开地狱之门不远就来到了第一狱阿克隆河（Acheron）边。河岸上挤挤攘攘的是各种各样的亡灵。阿克隆河的摆渡者卡隆（Charon）负责将他们摆渡到河对岸。而那些既没有功绩也没有错误，一生平庸，碌碌无为的人们却不能过河，只能永远地在阿克隆河边呻吟徘徊。

图1.21 冥王抢来了老婆帕尔塞弗涅，她在一年之中至少要有1/3的时间留在冥府，大地在这期间就要经历寒冬

第二狱的入口处坐着审判者米诺斯（Minos），他将根据亡灵们生前的罪行来决定他们应该被打入第几狱，而第二狱本身囚禁着因淫欲而犯罪的人们。这一狱终年刮着刺骨的黑风。

第三狱里下着冷雨，这里是贪吃者受罚的地方。他们将被三头巨犬 Cerberus 撕碎。

第四狱是关押贪财者和挥霍者的地方，他们死后仍然为金钱而疯狂，永远得不到安宁。

过了第四狱就来到冥河（Styx）边上，这里是第五狱的所在地。狂暴易怒的人的亡灵在这里互相撕打。冥河是地狱所有河流中最有名的一条。浸了冥河水的人刀枪不入。而如果哪个神祇以冥河水的名义起誓却又违背誓言的话，他就会变成哑巴。

9. 夏娃与潘多拉 都是人间的"祸害"

分别作为希伯来神话与希腊神话中的第一个女人，夏娃（Eve）与潘多拉（Pandora）是人类灾祸的开始。男人自诞生起就拥有俯视万物的高贵姿态。本来，在《圣经》《创世记》里，"man"这个词仅仅是用来指称男人的，但是后来，人们便逐渐用它来泛指人类。与此相反，"woman"则是作为一种附属物出现的。

在夏娃吃禁果的时候，或者更准确地说，在她产生这个念头的那一瞬间，她就已经堕落了。而潘多拉呢，她没有任何真正属于自己的东西，除了用来创造她的泥土和水，其余的光彩和品质全是来自众神的礼物。她手中的盒子成了灾祸的象征——神创造她的目的就是惩罚人。所以，从这个意义上讲，潘多拉和夏娃还是有不同之处的：夏娃是人类堕落之始，而潘多拉则是神惩罚人的工具。但不管怎样，这两个女人出现之后，《圣经》与希腊神话中的人类世界就开始变得肮脏、混乱和罪恶，以至于最后上帝和宙斯都不得不用大洪水来作一次彻底的冲洗。

值得注意的是，夏娃摘下禁果的原因除了撒旦的引诱之外还有自己好奇心的驱使，而潘多拉开启盒盖则完全是出于好奇。为什么一定要把好奇心与女性联系起来呢？为什么这种罪恶的角色要由女性来承担呢？答案可能很复杂。但毫无疑问的是，神话是人写的，人在神话世界所担任的角色是人自己定义的，这种定义随着神话的世代流传而变得稳定、深入，而女性的历史角色也就被如此自然地固定下来了。

"You would know both good and evil as gods."——《失乐园》中的撒旦这样对夏娃诉说偷吃禁果的好处。夏娃面临的选择我们现在仍然面临着：是要无辜的蒙昧，还是要罪恶的智慧？是做神的顺民，还是做自己的主人？实际上，我们现在仍然选择着夏娃的选择。这种选择到底是好、是坏，会带来怎样的结果，谁也说不清——世界真的会走向最终审判的那一天吗？不过，有一点是确定的：如果我们仍然选择着夏娃的选择而又认为我们的选择正确的话，我们就不能说她

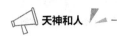

是有罪的。

潘多拉的情况稍有不同。当宙斯发现普罗米修斯教会男人们怎样用火、怎样耕种，甚至怎样欺骗他时，他认为人的智慧和人对神的挑战已经走得太远了（我相信这种感觉多多少少也存在于上帝的心里——当他发现亚当与夏娃因裸体而害羞的时候——人怎么能像神一样明智呢？）。于是，宙斯发誓要使有罪的人受到应有的惩罚。普罗米修斯因为带给人灵魂的光亮而被锁在了高加索山上，男人因为得到了这样的光亮而必须接受女人的存在——当然，这种存在是一种惩罚、一种折磨，是灾祸的发端。因此，男性形象总是同理性联系在一起的，而女性形象，至少在中古及其以前的西方，则多半是被描述为好奇和无知。其实，潘多拉的无知是神赋予的，她的一无所有正好表明了她的无辜。遗憾的是，她碰巧是一件被利用的工具，她碰巧拿着一个装满灾难的盒子，而且，她碰巧是女人。

相比之下，中国的神话就很不一样了。虽然女娲是一个神，但是她所担当的角色与夏娃、潘多拉是相对应的。作为一个伟大的富有牺牲精神的母亲，女娲体现出中国神话在早期对女性特有的宽容甚至崇拜。

10. 人类最幸福的美女——海伦

海伦（Helen）是古希腊神话中那个"世界上最美的女人"。当古希腊军队为她的美扬帆地中海的时候，她一定想不到在很久很久以后的中国，有一个叫杨玉环的女子也是因为长得美而被吊死在马嵬坡。

古希腊人的最大特点之一就是对美的赤裸裸的狂热追求。在希腊神话中，美少年因为爱上了自己无双的倒影溺水而死；阿特米斯为了让自己俊美的情人永葆青春而宁愿让他长睡不醒；宙斯所追求过的一百多个美人让人目不暇接；塞克（Syche）的绝世惊艳甚至让爱神厄洛斯本人坠入爱河；美杜莎为了与雅典娜比美而付出了惨重的代价；哈德斯不顾一切地抢走了可爱的帕尔塞弗涅；神宴缺少了美惠三女神婀娜的舞姿便不再有味……希腊神话世界处处点缀着美的光环。

希腊人对美是极宽容的，尤其是对女性的美。他们不在乎这种美是否会带来灾难，不在乎为了追求这种美会付出多大的代价。潘多拉是祸，可是她仍然被接受了，因为她实在是太美了，希腊人抗拒不了。三个女神为了争一个写着"献给最美的女神"的金苹果而吵得不可开交，而帕里斯（Paris）为了得到世界上最美的女人的爱宁愿放弃至高无上的权力和战争胜利的光荣；接下来，希腊人为了抢回海伦而血溅特洛伊；再接下来，门尼勒奥斯（Menelaus），海伦的前夫，高高兴兴地拉着她的手回到希腊，继续过他们从前的小日子，仿佛那十年战争只是一瞬间空白的别离。古希腊人天真、单纯、投入地爱着美。

相比之下，中国的美人们就可怜多了。月下的貂蝉、湖边的西施、塞外的昭君、宫中的杨玉环，哪一个不是为美所累？她们的美是受压抑的，并没有得到真正的、完整的承认。不止中国，就是在后来的欧洲——那样一个以希腊文明为源头的欧洲文明——也没有哪一个历史时期的人能像古希腊人那样赋予美最崇高、最纯洁的意义。一想到此，我们不禁觉得，没有哪里的美人能比古希腊的美人更美，也没有哪里的人在欣赏美的时候能比古希腊人更幸福了。

1.3 西方宇宙体系的演进过程

在西方传统思想的历史演进中，空间（宇宙）问题一直是社会发展的一个基本主题。从古至今，人们不断扩展着关于空间的知识与视野。从古代神话猜想到近代科学的构架，西方传统空间观主要呈现出四种：

古希腊先民们根据自然联想构建的神话空间（宇宙）、古希腊哲人构建的自然空间观、近代自然科学确立的几何化的物理空间观和近代哲学形塑的观念论的空间观。

实际上，"空间"本质上是一个超学科范畴，人类的哲学、物理学、数学、天文学固然是它的主导框架，但美学、宗教、神学、伦理学发挥的认识功能也不可低估。从古希腊神话到近代科学与近代哲学，对审美的诉求一直影响着人类空间观的形成。首先，古希腊的神话世界里，高于人类的宇宙空间一定是完美、和谐的；其次，希腊自然哲学视域下呈现的是一个闭合的、数学化与等级化的和谐空间；再次，伴随着近代空间观"从封闭世界到无限宇宙"的数理审美拓展，以牛顿为代表的近代自然科学出示了一种背景化、几何化、无限化的绝对空间；最后，在近代哲学领域，由经验论哲学确立的知觉空间，以及康德凭借"认识论审美化"而提出的纯直观空间，一并将近代的哲学空间观推向了审美自觉。其实，审美的表现也表达了人类对于未知的无辜！

1.3.1 古代西方国家流行的宇宙模型

今天也许已经没有人相信太阳是绕地球旋转的，但是至今为止所经历的漫长历史中世界中的多数人曾坚信过——地球才是宇宙的中心，太阳月亮和星星都是围着地球旋转的。

在世界各地建立起高度古代文明的人们认为他们自己居住的都市、大地、溪谷这些微不足道的地表部分就是这个世界的中心，他们认识中的地球只是自己居住的自然环境这样一个有限范围而无其他。因此也就出现了各种各样"唯我独尊"式的宇宙观。随之，为了让所谓的宇宙观更具意义而衍生出独自的宗教和死后的世界观从而发展成文明。这些古代人的宇宙观几乎全是依据创世神话和天动学说来发展出自我独特的宇宙。

古巴比伦人居住的大地被大洋环绕着，而这些大洋则被高岩绝壁所围绕，所以他们认为犹如纺锤形的天空像是拱桥一样搭在上面，天棚的里面则是一片黑暗，天棚的东西各有一个洞，太阳和月亮在这里进出所以才有日夜交替（图1.22）。

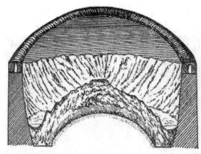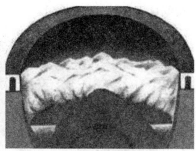

图1.22 古巴比伦人心目中的宇宙

古埃及人认为地球是被植物覆盖躺卧着的女神盖布的身姿，天神努特则弯曲着身体被大气之神支撑，太阳神和月神各自乘坐两艘小船每天横穿过尼罗河消失在死亡的黑暗中（图1.23）。

图1.23 古埃及人的宇宙里，各位神各司其职

古印度人认为世界是由三头大象支撑着（图1.24（a））。三头巨象乘坐在毗湿奴之神化身的巨大龟背上，象动时就会发生地震，而那些大龟坐在化身为水的眼镜蛇上，与眼镜蛇长长的尾端连接的地方则为天境。

玛雅人认为这个世界是被水包围着的大圆盘（图1.24（b）），围着圆盘的水与天一体，四个地方有神用手臂支撑着。天界由十三界构成，那里住着象征着星星、夜和黑暗的龙。而地下界则有九界，死者生前的行为将决定他们去哪一界，如果落入第九界将会消失得无影无踪，祭祀或是战死则可以去天国。

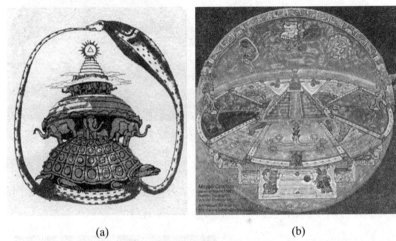

(a) (b)

图1.24 古印度人（a）和玛雅人（b）的宇宙都很奇特，充满了自身文化的特色

古希腊人相信这个世界的所有物质都由火、气、水、土四种元素组成。天体是像玻璃一样的透明物质形成附着在56个天球（星体）上旋转。中心的地球则为天球，掌管宇宙的神都住在距离雅典娜240公里远的奥林匹斯山上。

希腊天文学是近代天文学的直接渊源。依据前后年代对大自然的看法差异，古希腊天文学大致上可分成四个主要的时期，或说前后形成的四个学派。也就是，公元前7世纪起，泰勒斯提出以"思辨"方法来探究和理解宇宙形状、功能和基本组成的爱奥尼亚学派；主张"球形大地"的毕达哥拉斯学派；公元前4世纪，提出"同心球宇宙"构思的柏拉图学派；公元前3世纪，善于应用天文观测和测量方法的亚历山大学派。图1.25就是集古希腊天文学大成的托勒密地心体系。

在中世纪的欧洲人们相信这个世界是个圆盘（图1.26（a）），只有亚洲、欧洲、非洲存在。分开这三块大陆的是顿河（俄罗斯）、红海、地中海，圆盘的中心是耶路撒冷，伊甸园在非洲某处。中世纪的宇宙绘图（图1.26（b）），看上去很美，充满了想象力。

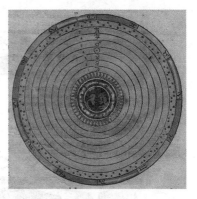

图1.25 托勒密地心体系

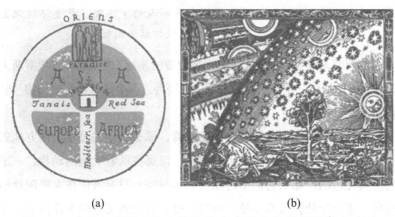

图1.26 中世纪欧洲人的世界地图（a）和他们设想的宇宙（b）

被认为是绝对真理的宇宙观是出于基督教。《圣经》里以色列人的宇宙观如图1.27所示，图中有"天水"，有"地函火炎浆"，方便解释下雨、地震、火山爆发。图中居然还有"臭氧层"，不会是画错了吧？严重怀疑！而且，管理天水的水闸由谁来开？阻挡天水的层层保护膜是什么材料制成的？这些问题恐怕现代科技都无法解答。

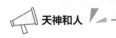 天神和人

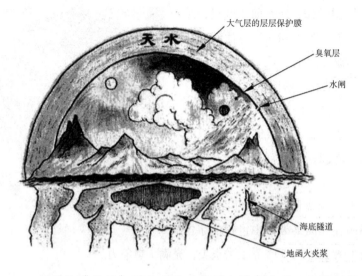

图 1.27 据说是《圣经》里展示的以色列人的宇宙观，严重怀疑此图的绘制年代，姑且作为一个现代神话画面吧

古印度人认为，大地是三只大象背着的半球；类似的，古俄罗斯人认为，大地是由三条鲸鱼驮着的圆盾，等等。两个民族都有个动物"驮着"大地，为什么？

因为，如果大地是被什么动物驮着，那么大地的晃动，比方地震火山爆发等，才会有合乎道理的解释。而那些驮着大地的动物，一定是巨大无边的，那么它们平时怎么看不见呢？只有潜伏在大洋深处的动物，才可能使世人看不见。同时，也只有浩瀚无边的大洋深处，才可能藏得住那么巨大的动物。所以，许多的创世神话都是先有水。

15世纪末到16世纪初，西方国家开始了环球航行。正是这一系列的航行，带来了地球上的地理大发现，不仅发现了美洲，发现了印度，更发现（证明）了地球原来是个圆球。这才彻底终结了这些美丽的神话传说。

1.3.2 人类宇宙观的社会性哲学演进

自从地球上有了人类,为了自身的生存和繁衍,便在观察天地万物的变化中逐步形成自己的宇宙观。由于人们生存的地域不同,生产和生活方式不同,思维方式各异,不同地域的民族往往具有不同的宇宙观;同一民族由于阶级、阶层、个人的社会地位不同,观察宇宙的角度不同,加之其他原因,也往往具有不同的宇宙观。更为重要的是,宇宙观随着人们实践和认识水平的提高而变化,随着科学和时代的进步而演进。

1. 古代主客不分天人合一的宇宙观

远古时代,由于人类实践和认识水平的低下,自觉的主体意识薄弱,人类与整个宇宙还处于浑然一体之中,把人自身与天地万物同等看待,把宇宙视为天地万物包括人类的存在和变化的时空总体。《墨子·经上》中说:"宇弥异所也。""久宙弥异时也。"《淮南子·齐俗训》中说:"往古来今谓之宙,四方上下谓之宇。"古代宇宙观思考的重点是:宇宙万物包括人类自己的本原是什么,换言之,宇宙万物发生并统一于什么基质,这属于单一维度的宇宙观。

中国古代老子哲学的宇宙观是这方面的典型代表:他把人与万物统归于道,主张"道始虚廓、虚廓生宇宙、宇宙生气、气有涯垠","道生一、一生二、二生三、三生万物"。这种宇宙观后来进一步衍化为"天人合一"、"天人感应"说。"五行说"也是中国古代的一种宇宙观:以金、木、水、火、土相生相克解释天、地、人宇宙万物的存在和变化。

西方古代哲学宇宙观,不论是把"水"视为宇宙的本原,还是把"火"视为宇宙的本原,或者是把"种子""原子"视为宇宙的本原,各种观点大体上都有一个共同点:人与自然浑然一体,都有灵魂,历史上称之为"物活论"或有机论,即人与万物相通,宇宙整体统一变化。

当然,不论中国和西方,古代哲学宇宙观中都有人类主体意识的

萌发。比如中国古代，就有荀子"人定胜天"的思想。在古希腊，也有普罗泰戈拉"人是万物的尺度"的惊世名言。甚至在苏格拉底、柏拉图和亚里士多德师徒三人的哲学中，已有了人类中心论的思想萌芽。人类中心主义思想的萌发，意味着人类主体意识和自我意识开始提升。当然，上述思想不是古代宇宙观的主流。主流思想是自然崇拜。自然崇拜走向神秘主义，达到极端，便形成神学宇宙观。

西方的神学宇宙观的典型代表首推基督教思想家圣奥古斯丁，他主张宇宙万物都是上帝创造的。这种宇宙观发端于旧约全书，集大成于托马斯·阿奎那。这种宇宙观把上帝凌驾于天地万物之上，视上帝为宇宙之本，主张"人类最高的完善决不在于和低于自身的事物相结合，而在和高于自身的某种事物相结合"。神学宇宙观漠视人和自然，盲目崇拜上帝，严重影响了人类和宇宙奥秘的探究，影响了科学和社会的发展。

但是，神学宇宙观把上帝置于人与自然之上的同时，也把人置于宇宙中心，也就为把上帝架空割断天、地、人与上帝的联系，为自然的独立存在和人类与自然并存对立，乃至萌生人类中心主义埋下了伏笔，从而为近代宇宙观的产生奠定了基础。

2. 近代主客对立天人两分的宇宙观

西方的文艺复兴运动争取了人类理性的解放，启开了近代宇宙观的大门。近代宇宙观以近代自然科学的兴起为支撑，确立起人类对世界、对宇宙的自信。人类主体意识的凸现，把天地万物置于人类认识主体对立的客体位置。主客对立、天人两分，宇宙整体被科学肢解。培根"知识就是力量"的宣言，意味着近代哲学宇宙观开始涂上人类中心主义的浓重色彩。

笛卡儿把宇宙分为对立的两种实体："广延实体"不能思维和"思维实体"没有广延，是最典型的主客对立、天人两分的二元论的宇宙观。牛顿与他有所不同，把由不变的原子构成的天地万物在机械的力学规律下统一起来，人及其思想只是机械实体的派生物。他在开普勒天体运动三大定律的基础上把天地统一起来，提出了著名的经典力学。

牛顿认为万有引力维系着天地万物的机械运动存在，上帝给了宇宙"第一推动力"后，宇宙万物就在绝对不变的时空中按照普遍力学规律绝对必然地运动下去。牛顿的机械论宇宙观从根本上动摇了神学宇宙观，但又具有不彻底性。牛顿把宇宙的一切现象都归结为机械运动，影响极为深远。

康德的"星云假说"提出宇宙以及太阳系是一个生成过程，将牛顿绝对不变的宇宙观打开了一个缺口。拉普拉斯在几年后也独立地提出了"星云假说"，进一步动摇了牛顿的绝对不变的宇宙观。但是他并没有真正冲破机械形而上学的樊篱，仍以牛顿的机械力学规律描述宇宙的变化，认为一切变化都是确定必然的，而偶然的随机的事件正如拉普拉斯《论概率》中所说："由于对这类事件与整个宇宙系统之间的联系的无知，是我们对真实原因无知的表现……我们应该把宇宙的目前状态看作是他先前状态的结果，并且是以后状态的原因。"

继康德之后，黑格尔把德国古典哲学推向顶峰，反对主客对立、天人两分的机械宇宙观，认为"自然界是一个有机体，为精神活动所渗透，自然界的一切过程都应该用精神的内在活动来解释，而不应该用物质的外在活动来解释……把自然界视为宇宙精神通过矛盾斗争的产生的外化，认为宇宙精神在自然界的发展中经过机械阶段、物理阶段和生命阶段，在人的心灵中达到了自己的充分体现，因而人是整个宇宙发展过程的缩影"。以人本学唯物论恢复了主客对立、天人两分的观点，这种观点突出表现在社会与自然的对立上。

近代主客对立、天人两分的哲学宇宙观，促进了人类作为认识主体对客体的把握，发展了科学，推动了近代社会的进步，但在总体宇宙观上却是退步：它割断了人类主体与客体的内在联系，虽有把握宇宙的雄心,却往往陷入不可知论的尴尬,从而影响科学的发展。黑格尔的宇宙观力图克服主客对立,但以神秘的宇宙精神作为主客统一和发展的原动力,遭到自然科学家和旧唯物主义者的鄙视,虽然显得态度有些偏激,却也在情理之中。

3. 现代主客辩证统一的宇宙观

20世纪中叶,自然科学的研究领域远远超出了机械力学,分门别类的"是什么"的研究,开始向各领域相互渗透的"为什么"的研究转变。宏观自然科学的巨大进步揭示了天地万物包括人类之间的相互联系,为主客辩证统一的新宇宙观奠定了科学基础。

马克思、恩格斯抓住了主客辩证统一的纽带——人类的实践活动,把客体看作人类认识和改造的对象,把主体看作人类的实践活动,而人类的实践活动既是主体又是客体,主客体在实践基础上达到辩证的统一。这种新的宇宙观认为:人是自然界的产物,同时也是实践的产物,人受自然力的制约,也受实践力的制约;人在实践中能动地认识和改造客体,同时也改造主体自身;没有脱离自然界的人,而"抽象的、孤立的、与人分离的自然界,对人说来也是无"。自然和人类社会都是统一宇宙的一部分,人类社会以自然为基础和前提,推进人类社会进步就不仅要把握社会发展规律,也要尊重自然界的发展规律。

第 2 章

中华文明支撑的宇宙体系

"创世神话"是一个译自西方的学术术语,但世界各地都有许多的"创世神话",且被社会视为人类思维的第一个成果和后来众多学科发生的源头。"创世神话"更是人类认识宇宙、认识大自然、认识自我的开端。

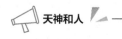

2.1 中华"创世神"的来历

中国创世神话经历了漫长的发展历程,由最初短小、单一的解释世界的"释源"神话最终发展为完整的体系神话,其间经历了若干发展阶段。首先是单一释源阶段:从旧石器时期晚期至新石器时期早中期。简单采集与狩猎劳作决定了人们的思维还处于单一思维阶段,对世界的起源只可能做单一解释;其次是综合释源阶段:对应于以神农炎帝为代表的原始农业高度发展时期。发展到一定阶段的农业生产是一种综合性的劳动,它训练和培养了人们综合思维的能力。人们开始用综合的视角来解释世界的起源;再次是系统释源阶段:主要对应于民族、国家形成的奴隶社会初期。民族与国家的逐渐形成,生成了构建共同的信仰体系的需求,人们开始系统地解释世界。探讨和认识中国创世神话的发展历史,目的是认识中国创世神话的多种形态,认识中国系统创世神话的成因。从而认识到"天人合一"思想的根源所在。

2.1.1 中国创世神话发展历程

英国学者凯伦的《神话简史》探讨了神话的发展历史。她将神话发展史分为几个阶段:旧石器时代的狩猎神话,新石器时代的农耕神话,早期文明时代的神话,轴心时代——一个大思想家辈出的时代(图2.1)的神话,后轴心时代的神话。西方大变革时期为神话的消亡时期。中国神话的发展过程也具备类似的特点。

古代神话,虽然是先民原始文化的结晶,但它绝不是(或不仅仅是)在时间、空间、内涵等方面囿于原始时代的产物,它有一个经由野蛮蒙昧时代向文明、理性社会进发、生成、发展的过程。这个过程的"两

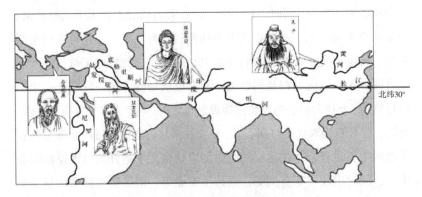

图 2.1 轴心时代

级",就是两种不同的神话表象:一是"原始的、单个的神话",即独立神话;二是"文明的、综合的神话",即体系神话。类似于西方的神话体系,我国的创世神话也可以简单地分为三个发展阶段。第一阶段是**萌芽阶段(单一释源神话)**,大约为旧石器时期晚期,相当于母系氏族社会初期。这一阶段的创世神话还不是真正意义上的创世神话,只是包含了创世神话的因素。第二阶段是创世神话的**形成发展期(综合释源神话)**,为新石器时期初期和中期,相当于母系氏族社会的中后期,产生了天地万物起源和人类起源神话。第三阶段为创世神话**成熟期(系统释源神话)**,为母系氏族社会后期,经父系氏族社会时期到奴隶社会初期,出现了内容复杂的系列创世神话。

1. 单一释源时期(萌芽阶段)

这一时期主要对应母系氏族社会:包括旧石器时期晚期至新石器时期早期与中期。

一般认为,神话最早产生于旧石器时期晚期。旧石器时期晚期,人类的心智才基本成熟,神话赖以产生的信仰观念与仪式才基本形成。这一时期的石器工具有较大改进,并发明了弓箭,能够用兽皮缝制衣服,主要靠采集和狩猎获取食物。由于出现族外婚,形成以一个老祖母为核心的氏族制；同时，在当时，存在着自然分工，男子从事狩猎，妇女从事采集。妇女的采集比男子的狩猎较有稳定性，是可靠的生活来源，这也决定了女性在家庭中的中心地位，因而形成了母系氏族制度。同一氏族的成员都是同姓的，子女也从母姓。这一时期还产生了以自然神、女神为中心的原始信仰观念与活动。生产力水平有明显进步，磨制、穿孔石器取代了打制石器；妇女在采集过程中，逐渐了解某些农作物的生长过程，并在房屋的旁边加以培植，于是开始出现原始农业生产，同时出现了家畜饲养、原始手工业等，但采集与狩猎仍是主要的经济来源。

与这一经济相适应的只能是简单而直观的思维方式。在这种直观简单的思维方式的支配下，当时的人们思考事物的起源时，也只能对单一的事物的起源作出解释。所以采集经济时代所产生的创世神话只能是单一的释源神话。

由采集经济产生的创世神话主要是有关植物变人、生人以及部分粮食作物的发明神话。采集经济与瓜果有着密切联系，因为瓜果是常见的植物类食物，其中瓜类的葫芦更是与早期的人类结下了不解之缘。葫芦最初是作为人类一种主要的食物进入人们生活的（图2.2）。后世一些文献，还提到了葫芦的食用价值。《管子·立政》说："六畜育于家，瓜瓠、荤菜、百果备具，国之富也。"葫芦与其他食物如六畜、荤菜、百果等一起，被视为国家的财富。

葫芦与人们的生活密切相关，使人们对葫芦的形体与习性有了更为细致的观察。葫芦形似母腹，使人们不能不联想到母腹的生殖功能；葫芦多籽，能够繁衍较多的葫芦。这些都容易使人们认为葫芦具有极强的繁殖力，并进而产生崇拜，最后导致葫芦生人神话的产生。

彝族的《创世纪》载：在远古洪水泛滥的时代，从葫芦中走出了一对男女，他们成婚生子，才有了人类的繁衍生息。傣族的创世神话

图2.2 在古代葫芦还是国家的财富,看来动画片《葫芦娃》并不是瞎编乱造的

《万物诞生》也说人与万物皆由葫芦所生:"大地光秃秃的,什么也没有,只有风、只有水、只有雾,一片凄凉。"造物主破开藏有万物种子的仙葫芦,将万物的种子朝大地抛撒,顿时大地长出各种各样的植物,第二代的人类也是从仙葫芦中出来的。而谷种来自天上,落到地面时,老鼠和麻雀先得到,吃下肚后又出来,掉在树脚下又发出嫩芽。后来才被人类发现,移种在河边,才归人所有。

桃子是早期人类经常食用的果类食物,与人类关系密切,再加上桃的繁殖能力很强,容易使人联想到人与万物的繁殖,并由此产生桃变万物与人类的神话。苗族的神话故事就说,一棵大桃树上结了很大的桃子,熟透落下来,烂掉,桃水变成江河、大海,蛆虫变成龙、虎、马、牛、羊、猪、狗、鸡、鸭和飞鸟。桃生人神话后来多与女子生人神话相结合,形成了女子吞食桃而生人的神话,从桃生人神话的影响也可反观采集经济时代桃的重要地位。由此我们也可以理解为什么有关桃子的成语会有那么多:桃红柳绿、人面桃花、投桃报李、世外桃源、桃李遍天下等。

植物中有果实,当然更会有花。壮族神话说:花中长出女始祖姆六甲,姆六甲捏尿泥成人。又说:花中生女始祖神米洛甲,她用黄泥造人类。又说：天地分开以后，荒漠长了杂草，草上开花，花里长出姆六甲（被看作生育神）。

狩猎经济作为采集经济的辅助形式，也引起了相关的动物创世神话的产生，如动物创世、火的发明等。动物创世包括动物生人、动物变人等。动物生人神话可能与早期人类观察到动物生育繁殖现象有关，人们由动物的繁殖推及人类的来历，就产生了动物生人神话。藏族《化世之龟》则说巨龟生了万物：巨龟为天地的负载者，可分为元素所生，气温所生，胎生和卵生四种，它们孕育时辰、昼夜、星期、月份和年份。

单一释源创世神话的产生，并非原始初民的凭空捏造，而是有着坚实的现实基础，与原始初民的生产、生活、社会形态有着密切的关系：或者是某种生产形式的反映，或者是某种社会形态的产物，或者是某种生活习俗的升华。如葫芦生人神话，就与采集经济形式有着密切联系；卵生人神话、兽变人或生人神话与狩猎生产形式息息相关；水生人神话则明显带有原始农耕经济形式的胎记；泥土造人神话则是制陶生产活动的产物。女子造人或生人神话带有母系氏族社会的印痕，兄妹婚神话则是血缘婚制的反映。各种单一释源创世神话产生于不同的社会生活土壤，代表了各种不同的创世方式，虽然各不相干，甚或相互矛盾，但又能并行不悖，并且逐渐相互影响、相互融合，这就使得单一释源神话发展为综合性释源神话。

2. 综合释源时期（形成发展期）

父系氏族社会至奴隶社会初期，包括新石器时期晚期与金石并用时期，单一的释源神话发展为综合性释源神话。综合释源创世神话的产生，与原始农业的发展密切相关。

父系氏族社会的生产力得到了长足发展，农业生产形成规模；家畜饲养进一步发展；制陶技术提高；发明铜器制造；发明丝织品；手工业的普遍发展导致了社会分工的初步形成。神话所载炎帝神农（图2.3）

即是原始农业的始作俑者。炎帝神农氏是中国的"太阳神"。他出现的时代,人类已经生育繁多,自然界出产的食物不够吃了。他教会了人们种植、用水和使用工具。传说他是牛头人身。这大概因为在农业时代象征几千年来帮助我们耕种的牛一样特别有贡献吧!

农业生产是一种复杂的活动,要种植农作物,必须逐步选择无毒合适的植物并将其驯化使之宜耕种。所以《淮南子·修务训》说,"神农尝百草之滋味,一日而遇七十毒"。尝百草之

图 2.3　炎帝神农

说,反映了寻找作物品种的艰辛。晋代的《搜神记》明确说明尝百草目的在于寻找农作物:"神农以赭鞭鞭百草,尽知其平毒寒温之性,臭味所主,以播百谷。"尝百草是为了寻找无毒无臭味的农作物,以至于顺带也发明了某些草药,所以神农又成为医药的发明者。

炎帝神农也因此成为原始农业的一个象征性符号。农业生产需要考虑到多种多样的因素,诸如种子、田地、农具、生产环节、气候、季节、水利等,是一种综合性的生产活动。正是这种综合性的生产活动,培养了人们综合性的思维能力。人们开始从综合的视角、多途径的想象组合来解释世界的起源,把几种事物或更多的事物联系起来进行解释,即对事物起源进行多源合成。

综合性释源神话,经常将天地的起源与人类的起源结合在一起解释。水族神话《牙巫造人》:牙巫造天,用手扒开天地,天倾斜摇晃,牙巫锻铜柱、炼铁柱,撑住天,天就稳固了。造完天地,又去造人。这是天地起源神话与人类起源神话的结合。牙巫用剪纸的方法来造人,

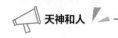

剪好的人像被压在木箱里。本来要十天才能复活,牙巫性急,到第七天,就开启盖子,结果造出矮小、瘦弱、空胸脯的小人儿,今后不能劳动,必饿死。牙巫放出老虎吃掉这些人。再次造人,就采用婚配的方法。牙巫与风神成婚,生下十二枚仙蛋。结果孵出雷神、雨神、龙神、虎神、蛇、猴、牛、马、猪、狗、凤凰及人。凤凰后来变成美女,与人结婚,繁衍人类。此则神话,既讲述天地起源,也讲述人类起源,并且将大神造天地、造人神话与婚配生人神话、人兽婚神话等多种原生态神话融合在一起,形成一个较为复杂的创世神话,充分显示了综合性释源神话的特点。

布朗族神话《顾米亚》说:没有天地之前,到处是一团团黑沉沉的漂浮的云雾。大神们要开天辟地、创造万物。神顾米亚发现了一只巨大的犀牛,剥下它的皮造天,挖下他的眼睛作星星。将犀牛肉作大地,犀牛骨作石头,犀牛血变成水,犀牛毛变成各种花草树木,把犀牛的脑浆变成人,把犀牛的骨髓变成各种鸟兽虫鱼。由于天空悬着,顾米亚又用犀牛的四条腿撑住天,天就稳固了;由于有九个太阳姊妹、十个太阳兄弟,地上的人们酷热难当,顾米亚又射掉了多余的太阳和月亮,从此大地又充满生机与快乐。这则神话包括了造人神话、化生神话、射日神话,化生神话为主体,均通过创世者顾米亚连接为一个整体。——疑似将汉族的盘古、后羿等合体。相对汉族,中国的少数民族都属于"次生文明",所以缺少最早的"创世元"。

衍生形态创世神话的多种类型表明中国创世神话经历了多种发展方式,有着旺盛的生命力、生长力;衍生形态创世神话遍见于典籍与口头传承,表明中国创世神话经历了漫长发展历程。

3. 系统释源时期(成熟期)

在综合释源的基础上,中国创世神话逐渐进入系统释源时期。系统释源,即对整个世界及人类社会的起源做系统完整的解释。系统释源时期主要是指原始社会末期至整个奴隶社会时期，也是中国华夏族及其他民族与国家形成时期，在这一时期，中国创世神话系统形态基本形成，但是系统化的过程却没有结束，它一直伴随着民族发展的历史而长久延续，有的甚至延续至今。

民族、国家的形成，是部落联盟中的各个部落的人群与领土进一步紧密融合的结果，而要促成这种融合，必须要形成共同的信仰认同体系，这个信仰认同体系包括对世界起源、人类及族群起源、文化发明等问题的系统性的完整解释，这就导致了系统创世神话的形成。

可以说，民族始祖起源神话是系统创世神话的灵魂，也是系统创世神话的黏合剂。这一时期既产生了黄帝、炎帝起源神话，也产生了夏商周各族起源神话。

炎帝神农氏为其母感龙而生。黄帝诞生神话见《帝王世纪》："（黄帝）母曰附宝，见大电光绕北斗枢星，照郊野，感附宝，孕二十五月，生黄帝于寿丘，长于姬水，因以为姓。日角龙颜，有圣德，受国于有熊，居轩辕之丘，故因以为名，又以为号。"黄帝诞生地为姬水，为其母附宝感电光所生。

商朝为公元前16世纪至公元前11世纪，是奴隶社会的发展时期。这一时期的农业、手工业较发达，青铜冶炼和铸造都达到了很高水平。商朝出现了甲骨文，有文字可考的历史从此开始。商纣王统治时，周武王兴兵伐纣，商亡。商族祖先神话最早见于《诗经·商颂·玄鸟》："天命玄鸟，降而生商。"更为详细的记载见于《史记·殷本纪》："殷契，母曰简狄，有娀氏之女，为帝喾次妃。三人行浴，见玄鸟堕其卵，简狄取吞之，因孕生契。"商族的祖先是契，为其母简狄吞食鸟卵感孕而生。

周族祖先弃为其母姜原履"践大人迹"感神所生。弃出生后被三弃三收，终成正果。大人迹，当为熊之脚迹，因为周族属于黄帝后裔，黄帝称有熊氏，以熊为图腾，周人也应是以熊为图腾。这是一则典型的图腾感生神话,所感之物为熊,说明其图腾为熊。开国皇帝诞生神话都起到了维护民族认同、国家认同的作用。

始祖起源神话是系统创世神话的核心内容,这类神话在实际传承过程中,往往要与世界起源、人类起源、文化起源等内容结合起来,构成一个完整的创世神话体系,成为民族认同、国家认同的信仰体系或民族的百科全书,即成体系的创世神话。在祭祖、节日庆典及各种礼仪活动中,讲述或展演体系创世神话,成为维系民族认同、国家认同的重要方式。如苗族将苗族古歌当作民族的根古,即苗族的历史,多在祭祖、节日等活动中吟唱。

2.1.2 中国创世神话元素及其文化意蕴

神话主要产生于人类童年时代,也就是原始社会,也有少部分产生于文明时代,并且,它是人类借助原始思维,从最初的神灵信仰出发,以自然的艺术形式创造出的神话故事。所以,它所代表的文化色彩是渐进的。

1. 中国创世神话的主要内容

创世神话作为人类历史的开端,它主要解释了宇宙的起源,描述世界上的万物是如何被创造的,天气如何变化,春夏秋冬如何出现。它还对整个宇宙,包含天地形成前的状态、天地间的事物、人类的由来以及文化事物的起源做出了解释。中国创世神话主要包括以下五方面内容。

(1)前宇宙状态

所谓前宇宙状态,即天地还未形成前的一种最原始的状态,这种原初状态为混沌神话的产生提供了基础。混沌神话是叙述世界处于一种混沌状态和这种混沌状态被打破的神话。《庄子·应帝王》:"南海之帝为倏,北海之帝为忽,中央之帝为浑沌。倏与忽时相遇于浑沌之地,浑沌待之甚善。倏与忽谋报浑沌之德，曰：'人皆有七窍以视听食息，此独无有，尝试凿之。'日凿一窍，七日而浑沌死。"充分说明了天地的混沌状态及人类渴望改变混沌的愿望。

（2）天地的形成

天地是人与万物生存的空间，一切有关人与万物起源的解释都必须建立在天地形成的基础上。我国创世神话关于天地形成的解释，以盘古开辟天地说最为著名："天地原如鸡子，盘古生其中，开天辟地，清浊分离；天日高、地日厚，盘古日长；八千载，天极高，地极深。"所以人们会认为开辟天地的先祖是盘古。

（3）宇宙万物的起源

在创世神话中，山川河流、花草树木、飞禽走兽等世间万物的起源，很多是与天地的起源相伴相随的。盘古开天辟地后，又把一切都献给了大地，他的眼睛幻化成了太阳和月亮，血液变成了江河，头和四肢化做了三山五岳，皮肤和汗毛变成了大地上的花草，喊声和呼吸声变成了雷和风，泪水变成了甘霖雨露滋润着大地。由此，高山、太阳、月亮、花草……宇宙万物就这样诞生了，而世界也变得更加丰富多彩，盘古成为万物起源最伟大的神。

（4）人类的由来

创世神话的另一个核心是人类的诞生，同时也是创世神话不可或缺的一部分。人类的由来是对创世进一步深入和具体的了解，是从神到人的一个过程。中国神话中最著名的造人神话是伏羲和女娲兄妹婚配造人。洪水滔天导致了人类灭绝，为了让人类繁衍下去，二人出于权宜之计结为夫妻。唐代的《独异志》描述了二人结合的原因与过程："宇宙初开，女娲伏羲兄妹，在昆仑山，天下未有民。议以为夫妻，又自羞耻。二人上昆仑山顶，咒曰：'天若允则烟合；若不允，则散。'于是，烟合。女娲乃结草为扇，以障其面。"因此，人类就这样诞生了。此外，关于

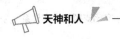

人类的由来还有女娲抟土造人说。

（5）文化事物的发明

文化起源神话，是对文化事物发明的原因以及方式进行的叙事性解释，包括农作物的起源、火的起源、音乐的起源和文化英雄。丰富的文化起源神话在我国各个民族随处可见，尤其是在人类的衣、食、住、行等重要领域。如"奚仲作车，仓颉作书，后稷作稼，皋陶作刑，昆吾作陶，夏鲧作城"。此外，中国古代的文献记录中说，黄帝发明了舟车和指南针，伏羲发明了八卦，神农氏发明了医药，嫘祖发明了丝织，女娲创立了人间的婚姻制度等，文化事物的发明都与神话密切相关。

2. 中国创世神话蕴含的民族文化精神

民族文化精神是一个民族在漫长的生活和生产活动中形成和建立起来的，为民族中大部分成员所接受的思想道德、价值取向和行为规范，是一个民族在心理特点、文化素养和思想情感上的综合反映。中国创世神话是华夏民族童年时期的艺术精华，体现了中华民族特有的文化精神。

（1）天人合一

中国创世神话盘古开天辟地就体现了天人合一的思想。盘古死后，他的肉体幻化成了宇宙万物，也就是说万物是由人化生而成的，因此，人就成了世间万物的精髓，而盘古与宇宙万物之间形成了"你中有我，我中有你"的状态，更表现出了人与自然间一种与生俱来的亲和关系。这种同体与共的联系也就包含了中华民族传统文化中的天人合一，物我一体的观念，体现了人与宇宙、人与自然间和谐共生的自然观。盘古死后化生，化为自然万物，这一神话表现出了中国天人合一的最高境界。

中国文化十分注重和谐统一，不但重视宇宙自然的和谐，还特别强调人与自然的和谐、人与人之间的和谐。女娲面对自己创造的人类充满怜爱之情，在人类灭绝、地球崩溃的险恶环境下，她用自己真诚博大的母爱和无私奉献的精神救助人类。她创造人类，拯救人类，呵护人类，致力于调节人与自然之间的亲和关系，为人类送来美好的祝愿，为人类缔造了一个充满幸福、安宁、和平的世界。

（2）以人为本

在创世神话中，我们可以看到人类所体现出来的以人为本的特质：人作为最佳生命的种子，在最合适的环境中进化。从神到人这样一个过程的转变，不仅体现出以人为本，人本为神，神就是人的精神寄托，而且也是人类心路历程上的一种特殊情结。中国人的思想哲学历来是一种"生命哲学"，这种生命哲学，不论儒家还是道家，都始终把人放在首位，关注人的生存与发展（图2.4）。女娲是人类的始祖母，还是主管人类婚姻生殖的女神，女娲形象之所以诞生就是为了使群体生命得以延续下去，是一种精神象征，体现出人们对生命延续所表现出来的强烈渴望，以及对生命的珍惜和珍爱。

图2.4　女娲造人、黄帝钻燧取火

此外，一些文化英雄神话，也表现出对生命的珍惜，表达了厚生爱民的思想。黄帝钻燧取火，神农氏日尝百草，伏羲画卦教民，这些文化英雄为了造福人类做出了巨大牺牲。这种为人类和民族献身的崇高精神，反映了中国创世神话对人类生命的珍视，当然也是原始先民以人为本思想的雏形。

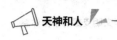

（3）刚健有为

刚健有为、自强不息的文化精神，集中体现了中华民族奋发向上、朝气蓬勃的顽强生命力，形象地展现了中华民族不屈不挠、勇于探索的精神，从而凝聚了中华民族勇敢、不怕牺牲的传统美德。盘古是中华民族伟大的开辟神，他是天地的开辟者，不遗余力为人类创造美好世界，最后为人类献出了自己的全部。盘古虽死，但其精神却充溢于天地之间，盘古的死象征着一种形态的分散，这种形态最后转化为宇宙万物。气魄宏大，想象奇特，境界崇高，盘古不仅完成了开天辟地的伟业，而且奉献了自己的身躯创造万物，表现了中国创世神牺牲自我以创造天地万物的胸怀与气概。

在创造世界和面对灾难时，众神不畏惧，不退缩，战胜自我，战胜困难，奋勇无畏。这些伟大的英雄神，依靠自己勇敢顽强的战斗精神和坚忍不拔的毅力，一往无前，所有艰难险阻都不能阻挡他们造福人类的前进步伐，彰显了中华民族刚健有为的文化精神。

（4）重德尚理

女娲神话所体现出来的重德尚理的民族文化精神源于她和伏羲的结合。伏羲与女娲二人在洪水滔天、人类灭绝的情况下结合了。随着礼教思想的出现与发展，人们意识到，兄妹结合破坏了伦理道德，女娲抟黄土造人慢慢在创世神话中得到强化，而兄妹结合繁衍人类的神话却渐渐被淡化了。因此，从伏羲和女娲的结合到女娲抟土造人这一过程体现出了重道德、尚伦理的民族文化精神。

中华神话中诸神谱系的秩序井然，以黄帝神族为例：少典—黄帝—昌意—韩流—颛顼—老童—祝融……中国上古神话传说的过分家族化，正是血缘观念渗入文化意识的必然结果。由于注重血缘的纯洁，创世神话诸神对性关系大多都持严谨的态度，这也正好符合了他们道德化身的地位。创世神话对于神的性爱故事，极少夸张渲染，注重生育而弱化性爱，体现了中华民族严谨、重道德尚伦理的态度；追求高尚的道德情操和精神境界；不为物质利益所诱惑、不因暴力所屈服的民族文化精神。

创世神话体现了远古先民的原始思维，是先民们的精神财富。创世神话不仅体现出一个民族的个性与心理，而且也体现出独特的民族文化精神。

2.2 女娲　玉皇大帝　观世音菩萨

神话，说来说去就是讲故事。尤其是我国的神话故事尤其曲折精彩。我们来欣赏几个古代完整的神话故事吧！当然是从始祖母女娲开始。

2.2.1 中华民族的始祖神

女娲是中国历史神话传说中的一位女神，与伏羲为兄妹。她人首蛇身，相传曾炼五色石以补天，并抟土造人，制嫁娶之礼，延续人类生命，造化世上生灵万物。女娲是中华民族伟大的母亲，她慈祥地创造了我们，又勇敢地照顾我们免受天灾，是被民间广泛而又长久崇拜的创世神和始祖神。她神通广大化生万物，每天至少能创造出七十样东西。

《太平御览》说：女娲于正月初一创造出鸡、初二创造狗、初三创造羊、初四创造猪、初五创造牛、初六创造马，初七这一天，女娲用黄土和水，仿照自己的样子造出了一个个小泥人，她造了一批又一批，觉得太慢，于是用一根藤条，沾满泥浆，挥舞起来，一点点的泥浆洒在地上，都变成了人。为了让人类永远流传下去，她创造了嫁娶之礼，自己充当媒人，让人们懂得"造人"的方法，凭自己的力量传宗接代。

女娲补天（图 2.5）的记录见于《淮南子》：在洪荒时代，水神共工和火神祝融因故吵架而大打出手，最后祝融打败了共工，水神共工因打输而羞愤地朝西方的不周山撞去，哪知那不周山是撑天的柱子，不周山崩裂了，支撑天地之间的大柱子断折了，天倒下了半边，出现了一个大窟窿，地也陷成一道道大裂纹，山林烧起了大火，洪水从地底下喷涌出来，龙蛇猛兽也出来吞食人民。人类面临着空前大灾难。女娲目睹人类遭到如此奇祸，感到无比痛苦，于是决心补天，以终止这场灾难。

她选用各种各样的五色石子，架起火将它们熔化成浆，用这种石浆将残缺的天窟窿填好，随后又斩下一只大龟的四脚，当作四根柱子把倒塌的半边天支起来。女娲还擒杀了残害人民的黑龙，刹住了龙蛇的嚣张气焰。最后为了堵住洪水不再漫流，女娲还收集了大量芦草，把它们烧成灰，埋塞向四处铺开的洪流。

图 2.5　女娲补天

经过女娲一番辛劳整治，苍天总算补上了，地填平了，水止住了，龙蛇猛兽敛迹了，人民又重新过上安乐的生活。但是这场特大的灾祸毕竟留下了痕迹。从此天还是有些向西北倾斜，因此太阳、月亮和众星晨都很自然地归向西方，又因为地向东南倾斜，所以一切江河都往那里汇流。天空出现的彩虹，就是我们伟大的女娲的补天神石的彩光。那五彩石子补过的地方，只有在一早一晚才能看得见。

女娲劳苦功高，在西汉的《运斗枢元命苞》中，女娲和她的哥哥伏羲、尝百草救人无数的神农被列为中华民族人始之初的三皇。

2.2.2 王母娘娘和玉皇大帝

他们两个是一家子吗？不管了，反正都是神话人物。

王母娘娘（图 2.6）是传说中的女神。原是掌管灾疫和刑罚的怪神，后于流传过程中逐渐女性化，而成为年老慈祥的女神。

(a) (b)

图 2.6 （a）是《封神榜》里的"西王母"，还是《西游记》里的"王母娘娘"？（b）玉皇大帝

根据《山海经》的描写："西王母其状如人，豹尾虎齿，善啸，蓬发戴胜，是司天之厉及五残。"说西王母的外形"像人"，长着一条像

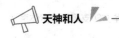

豹子那样的尾巴，一口老虎那样的牙齿，很会用高频率的声音吼叫。满头乱发，还戴着一顶方形帽子。是上天派来负责传布病毒和各种灾难的神。

《汉武帝内传》谓其为容貌绝世的女神，并赐汉武帝三千年结一次果的蟠桃。道教在每年的三月初三定为王母娘娘的诞辰，并于此日盛会，俗称蟠桃盛会。这里"西王母"怪神又变成了慈祥而又能带来福寿的"王母娘娘"。

专家认为，神话色彩浓厚的西王母（王母娘娘）在历史上确有其人。事实上，被无数神话光环笼罩的西王母并非天仙，而是青海湖以西游牧部落的女酋长。

道教称天界最高主宰之神为玉皇大帝，犹如人间的皇帝，上掌三十六天，下握七十二地，掌管一切神、佛、仙、圣和人间、地府之事。亦称为天公、天公祖、玉帝、玉天大帝、玉皇、玉皇上帝。

据《玉皇本行集》记载，光明妙乐国王子舍弃王位，在晋明香严山中学道修真，辅国救民，渡化众生，历亿万劫，终为玉帝。

有说玉皇大帝就是道教的"元始天尊"（即玉清元始天尊的简称。道教所供奉最高的神）。

2.2.3 岁星 福禄寿星和魁星

岁星太岁，民间传说中的凶神。一说为木星（岁星），一说为主四时寒暑之神，一说为十二时辰之神。自西汉始，人们认为凡建筑、迁徙、嫁娶等吉凶皆与其方位有关。若犯之而动土，便会挖到一肉块，即凶神之化身，并将招致灾祸。旧俗每有建筑动土之事，必先探明其方位以避之。元明后设有专坛祭祀。后世亦以名凶恶之人。俗语"竟敢在太岁头上动土"，即源于此。意为胆大妄为。常言说"命犯太岁"，就是指他。

福星是民间传说之神。起源甚早，据说唐代道州出侏儒，历年选送朝廷为玩物。唐德宗时道州刺史阳城上任后，即废此例，并拒绝皇帝征选侏儒的要求，州人感其恩德，逐祀为福神。宋代民间普遍奉祀。到元、明时，阳城又被传说为汉武帝时人杨成。以后更多异说，或尊天官为福神，或尊怀抱婴儿之"送子张仙"为福神。

禄星是民间传说之神。相传名张亚子，仕晋战死，后人为之立庙纪念。道家称玉帝命其掌文昌府及人间功名、禄位事，故又称"梓潼帝君""文昌帝君"。

寿星是民间传说之神。亦作寿星，南极老人星。本为星名，后世小说、戏曲为神仙之名。初言其主国运之长短，后尊为主人间寿夭之神，凡德见者皆寿千岁。

秦汉时已有寿星祠和老人庙。自东汉起祭祀寿星与敬老活动相结合，历代皆列入国家祭典，至明初始罢。近代所奉之寿神形象多为左手持杖，右手捧桃，银发长须，头高额隆，大耳短躯，面目慈祥的老者。

魁星是北斗七星中形成斗形的四颗星。一说为其中离斗柄最远的一颗星。二十八星宿之一，是西方白虎七宿的第一宿，被古人称为主管文运之神。清代学者顾炎武在《日之录》中说："今人所奉魁星，不知始自何年，以奎为文章之府，故立庙祀之，乃不能像奎而改奎为魁。"继尔魁星被形象化为一赤发蓝面鬼，立于鳌头之上，翘足，捧斗，执笔的模样。唐宋时，皇宫正殿雕龙和鳌于台阶正中石板上。考中进士者站在阶下迎榜，而头名状元则站在鳌头上，所以称为"独占鳌头"（图2.7）。

图 2.7　魁星

2.2.4　天后妈祖和观世音菩萨

天后妈祖和观世音菩萨放在一起，是因为她们都能够"普度众生"。

天后妈祖（图2.8）是中国东南沿海和海外华人供奉的海洋保护神，又称天妃、天后、天妃娘娘、天上圣母等。

图 2.8　天后妈祖

道教《太上老君说天妃救苦灵验经》称，太上老君封妈祖为"辅斗昭孝纯正灵应孚济护国庇民妙灵昭应弘仁普济天妃"。有关妈祖的记载，大约起于北宋。妈祖原是都巡检林愿之女，名默娘，生于宋太祖建隆元年（960年），殁于宋太宗雍熙四年（987年），享年二十八岁。林默娘初生时，红光满室，异气氤氲。由于生而弥月，不闻哭声，故名之曰默娘。林默娘八岁就塾读书，喜烧香礼佛。十三岁得道典秘法。十六岁观井得符，能布席渡海救人。升化以后，有祷辄应。自宣和以后，两宋间先后敕封达九次。其封号最多长达26个字。南宋光宗绍熙（1190年）由"夫人"进爵为"妃"，元世祖时又进爵为"天妃"，清康熙时再进爵为"天后"。妈祖之主要神迹是救济海上遇难之生民。据传，妈祖的随从有千里眼、顺风耳，能解救于千里之外。妈祖常穿朱衣，乘云游于岛屿之间。如果海风骤起，船舶遇难，只要口诵妈祖圣号，妈祖就会到场营救。《太上老君说天妃救苦灵验经》称，妈祖所救就是"翻覆舟船，损人性命，横被伤杀，无由解脱"。后来，妈祖之职能略有扩大。同经还称"若有行商坐贾，买卖积财，或农工技艺，种作经营，或行兵布阵，或产难"，"或疾病"，"但能起恭敬心，称吾名者，我即应时孚感，令得所愿遂心，所谋如意"。因此，民间亦有以妈祖为送子娘娘等。

中国东南沿海各地大多建有妈祖庙，其中以福建泉州莆田妈祖庙为祖庭。仅台湾一省就有妈祖庙510座，其中有庙史可考者39座，内建于明代的2座，建于清代37座。每年三月二十三日是妈祖神诞之日，福建莆田的妈祖庙和以台湾北港朝天宫为代表的妈祖庙都要举行奉祀和妈祖像巡街活动，妈祖信徒人数之多，香火之旺，至今亦然。台湾朝天宫的妈祖是从莆田湄洲请来，因而被认为是莆田妈祖庙的"分灵"，故每隔几年都要抬着妈祖像到湄洲挂香一次，表示对妈祖的崇拜和对祖宗的怀念。

观世音菩萨又称观自在，梵文 Avalokitesvara。观世音者，观世人称此菩萨名之音而垂救，故云：观世音（图 2.9），观世界而自在拔苦与乐之意。为阿弥陀佛的左胁侍。西方三圣之一。

观世音是慈悲的象征，当众生有苦难时，只要称念

图 2.9　观世音菩萨

他的名号，即可获得解脱苦厄。他还会就众生的因缘，化作种种不同的身份度化之。因此又有各种别称，如水月观音、鱼篮观音、马郎妇观音等，合计中日关于观世音的别称，共有三十三个，又名三十三身。观世音菩萨的形象，南北朝多依经典作男子，唐以后常作女相，是佛

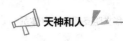

教中最受崇拜的菩萨。观世音或译作观自在，古译作光世音，唐代因避太宗李世民名"世"故略称为观音。亦称为大士、观世音、观自在菩萨、观音菩萨、观音妈、观音大士。观世音的道场在浙江普陀山。普陀山和五台山、峨眉山、九华山合称为中国佛教四大名山。其中普陀山最大的寺院普济禅寺中有一圆通大殿，供奉观音，是最大的观音殿。

2.3　混沌世界还是天圆地方

　　《庄子·秋水》讲述了一个"井底之蛙"的故事，唐代文学家韩愈则把青蛙换成了人："坐井而观天，曰天小者，非天小也。"这两则故事常常被用来讽刺那些见识短浅而又盲目自大的人。事实上，这也从另一个方面说明一个人因所处的环境不同，就会对世界有不同的认识和看法。今天，人类不仅可以像鸟儿一样俯瞰大地，甚至可以从太空中遥望这颗蓝色的星球。在古代，由于交通不便，人们的活动范围十分有限，加之文献匮乏，人们从书本上所能了解到有关其他地方的信息也很少。《易传》说伏羲氏"俯察地理"，实际上，这个"俯"是和"仰"相对的，那时人类对大地的认识主要有两个途径，一个是登高，另一个就是远行。登高所开阔的视野有限，旅行又谈何容易。《易经》讲"利涉大川"，就是对渡大河有利。在没有大型船只和桥梁的古代，一条大河仿佛就是一个天堑，成了一个不可逾越的鸿沟。有时候，为了过河，必须等待一定的季节，如冬季封冻或者旱季河水水位下降。

　　毫无疑问，与全球化时代的现代人相比，古人都是生活在一个个井里，只不过这些井的大小、深浅不同而已，他们所了解的世界都是一个个局部,他们也理所当然地把自己的生存之地视为世界的中心。古代中国人把他们所生存的全部空间称为"天下",中国就是"中央之国",是宇宙的中心(图2.10),位于今河南一带,又称"中州""中原"。同样,古埃及人的世界是以尼罗河为中心的,他们认为宇宙是一个方盒子,南北的长度较长,底面略呈凹形,埃及是处在凹形的中心,天则是一块平坦的或穹隆状的天花板,四方有4个天柱,由中峰所支撑,星星是用链缆悬挂在天上的灯,在方盒的边沿上,围着一条大河,河上有一条船载着太阳来往,尼罗河是这条河的支流。这个描述不就是尼罗河流域在天上的"映像"吗?古希腊人则认为,距离雅典150多公里的Delphi是"Navel of the Earth"(地球的肚脐),也是中心的意思。

图2.10 朝鲜王朝时期绘制的"天下图",中国位于世界的中心

在古代,一个人或民族所认知的世界,既是他们所生存的舞台,也是他们思维创造的源泉,康德说地理学最能启发人类的理解力!生存空间对人类文明的影响就像人的胎记,文明越是古老,这种胎记就越深。

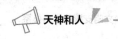 天神和人

因此，要想探寻某种古代文明的来龙去脉，我们必须重新回到井里，想象他们所看到的那个属于他们的"世界"，唯有如此，才能真正理解他们所创造的文化，以及他们所理解和构建的宇宙。

2.3.1 古代中国人的宇宙观

1.《山海经》里的神话故事

中国古代文化基本上体现在了中国古代神话之中，神话的产生也是必然的。确切地说，它是原始人类幻想和想像的产物，反映的是原始人类企图征服自然、支配自然的愿望，是以原始社会的现实生活为基础的，而非纯意识的。"后羿射日"的出现可能是由于当时的原始人类遇到了旱灾，所以他们虚构了后羿这样一个神奇的英雄人物，并且让他以解救苍生为己任，给人类创造风调雨顺的生存和生产环境。"精卫填海"反映了原始人类崇尚死而不屈并且继续为人类造福的奉献精神。

在我国收存古代神话的著作主要有《山海经》《淮南子》《列子》《楚辞·天问》等。其中《山海经》的收存量最多，也是最多地保持我国古代神话原始面貌的一部书。山海经是从战国初年到汉代初年，经多人撰写集成的一部古书，作者大概都是楚地的楚人。《山海经》是一部以神话为主流的书，它的内容范围庞大，除了保存有大量的神话信息之外，还涉及诸如宗教、哲学、历史、民族文化、天文、地理、动物、植物、医药卫生等方方面面，内容包罗万象，可以称得上是一部当时的生活日用百科全书。

整部《山海经》大约可分如下几部分：

（1）《五藏山经》，共五篇，占全书2/3以上；内容有关山川地理、祀神的典礼仪式和所用之物，间中叙写到诸山山神的形貌和神力。

（2）《海外经》，共四篇，内容多记海外各国的异人、异物，也有些古老神话零片记叙，如夸父追日、刑天断首等。

（3）《海内经》，共四篇，内容是记海内神奇事物，如昆龙景象、建木形态、巴蛇、雷神等。

（4）《荒经》，共五篇，又分为《大荒经》四篇和《海内经》一篇；记录了一些有关帝俊（图2.11）和黄帝的神话。此部分是保存神话资料最多和最原始的；大部分重要的神话材料几乎都在这里，而这部分之写作时期可能比经中其他部分要早。

从"海外南经第六"起到最后"海外经第十八"止之十三篇，简称为《海经》。和前面的《五藏山经》即《山经》合起来，总名之曰《山海经》。

神话所涉及的内容非常广泛，包含宗教、历史、地理、民族、动物和植物、天文和气象、哲学等。

（1）宗教

《山海经》书中展示了许多巫师所为的宗教活动。每一小节的后面，都记载有对某系列山山神的不同礼典，如"干舞置鼓""雄鸡瘗之""合巫祝二人舞""聊用鱼"等，不外都是巫师祭祠时的景象。诸山山神，有牛身人面者、鹿身八足蛇尾者、鸟身龙首者、龙身鸟首者、

图 2.11　帝俊，又作"帝夋"，疑为《诗经》里的昊天上帝，中国古代神话传说中的上古天帝，这一古帝名号只见于《山海经》

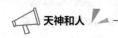

羊身人面者、龙身人面者、豕身人面者、人面三首者，奇形怪状，种种不一，或是动物形体的拼凑，或是半人半兽的组合，也显现了原始宗教自然崇拜的特色。

（2）历史

《山海经》书中记有帝俊、炎帝、黄帝等的神谱，其他历史性质的书中也记有若干帝王谱系，我们若将二者对照观察，就会发现一个有趣的事实：神话与历史竟是同步的。这可证明原始初民是将口耳相传的神话视为他们的历史。某些民族中巫师祀神寺演唱创世史诗和英雄史诗，讲述天地如何开辟、人类如何诞生，讲述祖先的事迹和英雄的战功等，在初民视为历史的，其实也全是神话。此可证在上古时期，神话与历史同出一源。

（3）地理

神话和地理的关系，在《山海经》一书中更是密切。整部《山海经》，便可说是一部神话性质的地理书。以禹因治水而求贤人的记录为例，禹因东西南北所经之地，都作了神话性质的描述，文中所写的地名国名，大都不可证实，只可视为神话地理。

（4）民族

《山海经》给我们展示了丰富的民族学方面的知识，这些知识当然亦充分带着神话色彩，如不死民、三首国、长臂国、丈夫国、一目国、夸金国、踵国、犬封国、黑齿国，等等，单看以上的名目，就知道是属于神话的民族学范围。

（5）动物和植物

《山海经》所记的奇禽怪兽、异草珍木，就是神话的动物学和植物学。这些奇异的动物和植物，各自有其医疗效用，能治各种常见和不常见的病症，这又成了神话性质的医药卫生学。例如有种动物，吃了它能使人不会放屁；有一种九条尾的狐狸，人吃了它可以受到庇护不逢妖邪气。有的动物状如羊，九尾四耳；又有的状如乌龟，却有鸟首。各种奇形怪状的动物，煞为有趣。

（6）天文和气象

如象羲和生日、浴日、常羲生月、浴月、汤谷十日、石夷"司日月之长短"等。又如《大荒东经》中记日月所出之山凡六：大言山、合虚山、明星山、鞠陵于又山、猗天艺门山、壑明俊疾山；《大荒西经》日月之山亦六：丰沮玉间山、龙山、明山、鏖巨山、常羊山、大荒山。此外，经中亦记，凡某神出入某山某渊，必伴随着风雨晦明。而又某神一出现，便会带来水灾等。

（7）哲学

如夸父逐日、精卫填海、刑天断首、鲧腹生禹等，都是鼓舞人们自强不息的精神和斗志的，然而不用枯燥的说教，而是通过神话反映出来的鲜明生动的艺术形象。最著名的是愚公移山的寓言，其实是一段古老的神话，一段寓意性强的神话，它体现了与精卫填海一致的精神。

2. 混沌与有序空间和时间

宇宙概念在古希腊意指与"混沌"相对的"秩序"，而在古代中国它所指的是空间和时间的统一体。战国末年的尸佼对宇宙有一个明确的定义，"四方上下曰宇，往古来今曰宙"，"宇"就是包括东西南北四方和上下六合的三维空间，而"宙"就是包括过去、现在和未来的一维时间。东汉时代的张衡明确提出"宇之表无极，宙之端无穷"的无限宇宙概念。与宇宙相联系的另一个重要概念是"天地"，它意指人类在一定条件下所能观测到的宇宙范围，而那些尚观测不到的部分叫做"虚空"或"太虚"。元代的邓牧认为在无限的虚空中有无限多的天地，"天地大也，其在虚空中不过一粟而已耳"。中国古代先哲们还认为，就一个天体来说都是有始有终的，但就无限多的天体构成的系统来说则是无始无终的。

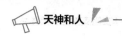

中国古代宇宙观的特点是宇宙进化论，早在春秋战国时期就形成了宇宙生成的论点。《老子》认为天地万物由"道"生成，提出"道生一、一生二、二生三、三生万物"的生成模式。《易传》认为天地万物由"太极"生成，提出"太极生两仪，两仪生四象，四象生八卦"的生成模式。成书于西汉时期的《易纬·乾凿度》把宇宙早期的演化史分为四个阶段：未见气的太易、气之始的太初、形之始的太始和质之始的太素。最具科学意义的宇宙演化观点是南宋朱熹在《类经图翼·运气》中提出的"元气旋涡"假说："这一气运行，磨来磨去，磨得急了，便拶出许多渣滓；里面无处出，形成个地在中央；气之轻者便为天，为日月，为星辰，只在外常周环运转，地便在中央不动，不是在下。"如果把"地在中央"改为"太阳在中央"，它就是其后500年西方出现的法国哲学家和科学家笛卡儿的"太阳旋涡假说"，也与其后700年德国科学家康德提出的"星云假说"类似。

中国古代先哲把"究天人之际"作为重要的思考问题，逐渐形成了以"天人合一"为核心的人与自然和谐的天人观。但"天人合一"并非如当今许多人所误解的"天人一体"，而是在"天人相分"基础上的"天人同构"。它的两个重要推论是"推天道以明人事"的原则和"天人感应论"。在天人关系问题上，道家强调"以人合天"，《老子》提出"人法地，地法天，天法道，道法自然"的思想。战国以来逐渐形成的天人感应论，沿着意志感应论和自然感应论两个方向发展。西汉哲学家董仲舒认为天像人一样有意志，人的行为，特别是帝王的行为和政治措施也会反映于天，使占星术具有了司法或预警的性质，天文学家成为天意的解释者。东汉哲学家王充认为天地是含气自然，人不能以行为感天，而着力发展自然感应论，为物理科学和医学的发展提供了一种哲学基础。

3. 神话中的宇宙观

（1）"天圆地方"宇宙观：天地浑沌如鸡子，盘古生其中。

（2）"天人合一"宇宙观：天地既已开辟，万物又是怎么来的呢？传说是盘古死后变的；又传说是女娲和十神造的。

（3）"万物有灵"宇宙观：神话的解释反映了原始初民对宇宙、自然、人生的原始理解，虽然这种解释让现代人觉得幼稚可笑，却能体现原始初民最为朴素的宇宙观念。

（4）"生生不息"宇宙观：《周易》曰："生生之谓易。"指生生不息，循环往复，革故鼎新乃万事万物产生的本源。

（5）"时空混同"宇宙观：关于"天堂""人间""地狱"，但丁在《神曲》里曾给我们作了一番描绘，但但丁的描绘有西方中世纪宗教神学的浓烈余味。我国神话中类似"天堂""人间""地狱"的描绘就有着浓重的人情味。

2.3.2 盖天说 浑天说

我国古代关于宇宙结构的思想，主要有盖天、浑天和宣夜三家，其中盖天说的产生最为古老并最早形成体系，这个学说基本上是在战国时期走向成熟的。在《周髀算经》中，记载和保留了这一学说。与盖天说相比，浑天说出现的较晚，但它的地位要高得多，事实上它是在中国古代占统治地位的主流学说，只是它没有一部像《周髀算经》那样系统陈述其学说的著作而已。而宣夜说则属于少数流派。

1. 盖天说

盖天说是我国最古老的宇宙说之一（图2.12）。天似穹庐，笼盖四野，天苍苍，野茫茫，风吹草低见牛羊。当你来到茫茫原野，举目四望，只见天空从四面八方将你包围，有如巨大的半球形天盖笼罩在大地之上，而无垠的大地在远处似与天相接，挡住了你的视线，使一切景色都消失在天地相接的地方。这一景象无疑会使人们产生"天在上,地在下,天盖地"的宇宙结构观念。

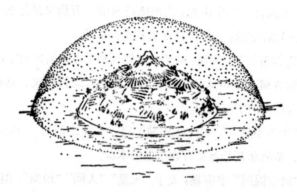

图 2.12 盖天说

盖天说正是以此作为基本观点的。盖天说的出现大约可以追溯到商周之际,当时有"天圆如地盖,地方如棋局"的说法。到了汉代盖天说形成了较为成熟的理论,西汉中期成书的《周髀算经》是盖天说的代表作。认为"天象盖笠,地法覆盘",即天地都是圆拱形状,互相平行,相距8万里,天总在地上。

盖天说为了解释天体的东升西落和日月行星在恒星间的位置变化,设想出一种蚁在磨上的模型。认为天体都附着在天盖上,天盖周日旋转不息,带着诸天体东升西落。但日月行星又在天盖上缓慢地东移,由于天盖转得快,日月行星运动慢,都被带着作周日旋转,这就如同磨盘上带着几个缓慢爬行的蚂蚁,虽然它们向东爬,但仍被磨盘带着向西转。

太阳在天空的位置时高时低,冬天在南方低空中,一天之内绕一个大圈子;夏天在天顶附近,绕一个小圈子;春秋分则介于其中,盖天说认为,太阳冬至日在天盖上的轨道很大,直径有28.8万千米,夏至日则只有12.9万千米。盖天说又认为人目所及范围为8.4万千米,再远就看不见了,所以白天的到来是因为太阳走近了,晚上是太阳走远了。这样就可以解释昼夜长短和太阳出入方向的周年变化。

盖天说的主要观测器是表(即髀),利用勾股定理作出定量计算,赋予盖天说以数学化的形式,使盖天说成为当时有影响的一个学派。

2. 浑天说

通常将《开元占经》卷一所引《张衡浑仪注》视为浑天说的纲领性文献,这段引文很短,全文如下:

浑天如鸡子。天体(这里意为"天的形体")圆如弹丸,地如鸡子中黄,孤居于内。天大而地小。天表里有水,水之包地,犹壳之裹黄。天地各乘气而立,载水而浮。周天三百六十五度又四分度之一,又中分之,则一百八十二分之五覆地上,一百八十二分之五绕地下。故二十八宿半见半隐。其两端谓之南北极。北极乃天之中也,在正北,出地上三十六度。然则北极上规径七十二度,常见不隐;南极天之中也,在南入地三十六度(图2.13),南极下规径七十二度,常伏不见。两极相去一百八十二度半强。天转如车毂之运也,周旋无端,其形浑浑,故曰浑天也。

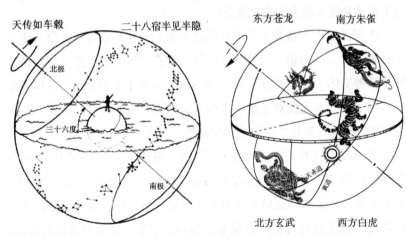

图 2.13 浑天说

这就是浑天说的基本理论。内容远没有《周髀算经》中盖天理论那样丰富,但其中还是有一些关键信息似乎未被前贤注意到。

浑天说的起源时间,一直是个未能确定的问题。可能的时间大抵在西汉初至东汉之间,最晚也就到张衡的时代。认为西汉初年已有浑天说,主要依据两汉之际扬雄《法言·重黎》中的一段话:或问浑天,曰:落下闳营之,鲜于妄人度之,耿中丞象之。

这表明落下闳(活动于汉武帝时)的时代已经有了浑仪和浑天说,因为浑仪就是依据浑天说而设计的。相信就是落下闳创始了浑天说。

在上面的引文中有一点值得注意,即北极"出地上三十六度"。这里的"度"应该是中国古度。中国古度与西方将圆周等分为360°之间有如下的换算关系:中国古度 = 360/365.25 = 0.9856°,因此北极"出地上三十六度"转换成现代的说法就是:北极的地平高度为35.48°。

由于北极的地平高度在数值上恰好等于当地的地理纬度,这就提示我们,浑天说的理论极可能是创立于北纬35.48°的地区。巴蜀是落下闳的故乡,长安是落下闳等天文学家被招来此地进行改历活动的地方,而洛阳是张衡两次任太史令的地方,洛阳在北纬34.62°处,所以这里应该是浑天说主要的观测地点。

在浑天说中大地和天的形状都已是球形,这一点与盖天说相比大大接近了今天的知识。但要注意它的天是有"体"的,这应该就是意味着某种实体(就像鸡蛋的壳),而这就与亚里士多德的水晶球体系半斤八两了。然而先前对亚里士多德水晶球体系激烈抨击的论著,对浑天说中同样的局限却总是温情脉脉地避而不谈。

浑天说中球形大地"载水而浮"的设想造成了很大的问题。因为在这个模式中,日月星辰都是附着在"天体"内面的,而此"天体"的下半部分盛着水,这就意味着日月星辰在落入地平线之后都将从水中经过,这实在与日常的感觉难以相容。于是后来又有改进的说法,认为大地是悬浮在"气"中的，比如宋代张载说"地在气中"，这当然比让大地浮在水上要合理一些。

用今天的眼光来看，浑天说是如此的初级、简陋，与约略同一时代西方托勒密精致的地心体系（注意浑天说也完全是支持地心的）根本无法同日而语，就是与《周髀算经》中的盖天学说相比也大为逊色。然而这样一个初级、简陋的学说，为何竟能在此后约两千年间成为主流学说？

原因其实也很简单：盖天学说虽然有它自己的数理天文学，但它对天象的数学说明和描述是不完备的（例如，《周髀算经》中完全没有涉及交蚀和行星运动的描述与推算）。而浑天说将天和地的形状认识为球形，这样就至少可以在此基础上发展出一种最低限度的球面天文学体系。只有球面天文学，才能使得对日月星辰运行规律的测量、推算成为可能。但中国古代的球面天文学始终未能达到古希腊的水准。今天全世界天文学家共同使用的球面天文学体系，在古希腊时代就已经完备。浑天说中有一个致命的缺陷，使得任何行之有效的几何宇宙模型以及建立在此几何模型基础之上的完备的球面天文学都无法从中发展出来。这个致命的缺陷，简单地说只是四个字：地球太大！古人的视野太小。

2.3.3　天地入画入诗入人心

1. 诗画入境入天地

国人的山水情节一直是由眼及心的。王羲之曾去官，游名山，泛沧海，叹曰："我卒当以乐死！"山水诗、山水画是国画的重头戏。显示出古人已经具备空间意识了。"身所盘桓，目所绸缪，以形写形，以色貌色。""以一管之笔拟太虚之体。"体现了"以大观小"又能"小中见大"的空间境界，把大自然收入心境。"天地一东篱，万古一重久。"多么博大、宽广的胸怀呀！唐代诗人孟郊更歌唱这天地反映到我的胸中,"世界"是由我裁成的:"天地入胸臆,吁嗟生风雷。文章得其微,物象由我裁!"

陶渊明则从他的庭园悠然窥见大宇宙的生气与节奏而领悟到忘言之境。他的《饮酒》诗云:"结庐在人境,而无车马喧。问君何能尔,心远地自偏。采菊东篱下,悠然见南山。山气日夕佳,飞鸟相与还。此中有真味,欲辨已忘言!"

中国人的宇宙概念本与庐舍有关。"宇"是屋宇,"宙"是由"宇"中出入往来。中国古代农人的农舍就是他的世界(图2.14)。他们从屋宇得到空间观念。"日出而作,日入而息",由宇中出入而得到时间观念。空间、时间合成了他们的宇宙而安顿着他们的生活,从容而有节奏。对于他们来说,空间与时间是不能分割的。春夏秋冬配合着东南西北。时间的节奏(一岁十二月二十四节气)率领着空间方位(东南西北等)以构成我们的宇宙。所以我们的空间感觉随着我们的时间感觉而节奏化了、意境化了!画家在画面所欲表现的不只是一座屋宇所意味的空间"宇",而须同时具有节奏意味的时间节拍"宙"。一个充满意境、情趣的宇宙(时空合一体)是诗画家的艺术境界。画家、诗人对这个宇宙的态度,就像宗炳所说的"身所盘桓,目所绸缪,以形写形,以色貌色"。

图2.14 农家小院,一出一进、一来一回就是整个"宇宙"

"目所绸缪"的空间景是不采取西方透视技法的集合于一个焦点，而采取数层视点以构成节奏化的空间。这就是中国画家的"三远"之说。"目既往还"的空间景是《易经》所说"无往不复，天地际也"。

宋画家郭熙所著《林泉高致·山川训》云：

"山有三远：自山下而仰山巅，谓之高远。自山前而窥山后，谓之深远。自近山而望远山，谓之平远。高远之色清明，深远之色重晦，平远之色有明有晦。高远之势突兀，深远之意重叠，平远之意冲融而缥缥缈缈。其人物之在三远也，高远者明了，深远者细碎，平远者冲澹。明了者不短，细碎者不长，冲澹者不大。此三远也。"

中国人的最根本的哲学之道是《易经》上所说的"一阴一阳之谓道"。诗画的空间感也凭借一虚一实、一明一暗的流动节奏表达出来。虚（空间）同实（实物）联成一片波流，如决流之推波。明同暗也联成一片波动，如行云之推月。

诗画的空间感表达的就是古人的宇宙观。早在《易经》《系辞》里已经说古代圣哲是"仰则观象于天，俯则观法于地，观鸟兽之文与地之宜。近取诸身，远取诸物"。俯仰往还，远近取与，是中国哲人的观照法，也是诗画家的观照法。而这观照法表现在我们的诗中画中，构成我们诗画中空间意识的特质。

2. 最根本的宇宙观——天人感应

天人感应观念在中国由来已久。它不仅是中国古代人们宇宙观念的一种表达，而且反映了其特有的思维方式。值得注意的是，天人感应观念在西方同样存在，这就是一直流行到文艺复兴运动时期的大宇宙和小宇宙论。考察东西方这两种既相一致又存在差异的宇宙观念并对之进行比较，可以帮助我们了解人类宇宙观念和思维方式的演变轨迹。

（1）天人感应与中国古代的宇宙观念

天人感应观念在夏商周三代已经非常普遍，到先秦两汉时期已经深

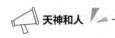

入人心。它不仅渗透在先秦两汉的文化典籍里,而且渗透在人们的日常生活和典章礼仪中。殷商以降,观星取象以占验吉凶成了人们日常生活中不可缺少的重要内容,它表明人们已经有了天道能以象征的方式把吉凶福祸暗示于人的观念;占卜预测则把战与和、胜与败、生与死、婚与嫁、动与静等人间的吉凶福祸与一些神秘的征兆联系起来;方技术数则汇集了招魂、释梦、择日、风水、祈雨、祛鬼、医病、诅咒等几乎涉及人间生活所有领域的知识与技术。而占卜、祭祀的形式被固定下来并使之秩序化、制度化,形成严格的仪礼仪式,就使天地神鬼人之间的联系固定化、常规化了。那么,在这些观星取象、观物取象、占卜预测、方技术数以及一系列典章仪式中,是否蕴含着某种共同的观念、某种不言而喻、不证自明的公理或终极依据呢?这就是天地神人一体同构的整体观念。

　　作为空间的宇宙,在殷周人心目中投射了一个根深蒂固的深层仪式,即以中央为核心,众星拱北辰,四方环中国的天地差序格局。这种宇宙结构给他们提供的一个价值本原,就是这种差序格局是天然合理的,因为它是宇宙天地的秩序;也给他们提供了一个观念的样式,就是一切天然形成的事物包括社会组织与人类自身,都是与宇宙天地同构的,因为它们来自宇宙天地;也给他们提供了一个行为的依据,就是人类应该按照这种宇宙、社会、人类的一体同构来理解、分析、判断以及处理现象世界,因为现象世界中,拥有同一来源、同一结构、同一特性的不同事物是有神秘感应关系的。没有这种共有的观念和依据,观星取象、预测吉凶、拜祭天地、方技术数等就失去了存在的基础或根据。所以,在天地神人一体同构观念的支配下,天人互感的观念和种种做法可谓是源远流长。

　　天人感应论的形成,具体体现在古人的阴阳互动和五行观念,从而形成了以阴阳五行观念与天人互感观念的互动。

阴阳五行观念起源甚早，据说它在新石器时代就已经产生了。虽说阴阳最初与日月之光有关，并由此转而指明暗、天地（乾坤）、南北等现象和方位，但是，这一概念一旦脱离了指称具体的事物和现象（如寒热、晴雨、冷暖等）之后，它无疑就成为一个有极强概括性的最高范畴，具有了形而上的意义。到了春秋时代，阴阳观念就已经如此并成为不言而喻的真理了。阴阳双方最基本的属性是二者的相互感应、相互依存，如天地相济、男女交感。此时人们不仅有了阴阳的观念，而且已经用阴阳观念来解释生活中的现象，如《国语·周语上》伯阳父解释三川地震时，就认为这是天地之气失其序，"阳伏而不能出，阴迫而不能蒸……是阳失其所而镇阴也。"

　　五行观念大约起于殷周，兴于春秋战国，盛于秦汉。最具体明确地提出五行思想的是《尚书·洪范》：

　　"五行：一曰水，二曰火，三曰木，四曰金，五曰土。水曰润下，火曰炎上，木曰曲直，金曰从革，土爰稼穑。润下作咸，炎上作苦，曲直作酸，从革作辛，稼穑作甘。"明确列出了五行，将五行与五味相匹配，揭示了五行各自的属性。从战国至秦代，天人感应与阴阳五行观念已紧紧纠缠在一起难以分开，在阴阳五行观念中已经渗透着天人互感的观念，甚至可以说天人感应已经成了阴阳五行的核心。阴阳互感、五行生克与天人感应相互作用，前者逐渐成为后者的表现和确证，后者又不断强化着阴阳五行中天人互感的观念。正是在阴阳、五行、天人互感观念的长期演变和积累的过程中，中国人产生并不断强化了天地神人一体同构的"天人合一"的整体宇宙观。

　　长期并普遍存在的阴阳五行、天人感应的观念和天地神人一体同构的宇宙观念，为汉代董仲舒把天人感应理论化、系统化，使之成为影响中国两千年历史的一种理论体系提供了丰富的素材和可能。

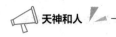

（2）天人感应观念的理论化

中国古代长期存在的观星学、占卜预测学、方技术数、祭祀仪式以及源远流长的阴阳五行观念中，都毫无例外地浸透着天人感应的观念，而潜藏在上述诸观念、意识、日常生活及文化典籍背后的，则是中国人所特有的一种整体宇宙观。一旦把这种宇宙观看作是中国人的一种普遍观念和共同的思维背景，远古的许多看似神秘的东西便都有了合理的解释。尽管天人感应观念存在已久，但真正使这种观念形成一套系统的理论并对其加以系统阐述和运用，则是经过许多人的努力才最终形成的。而与天人感应的理论化相伴随的，则是整体宇宙观的一步步精致化。

从殷商时期的"上天"到西周时代的"天命"和"天道"，从墨子的"天意"和"天志"，到春秋战国时代广为流行的"气"的观念、阴阳五行观念，都为天人感应理论的产生奠定了基础。

《吕氏春秋·应同》中说：凡帝王者之将兴也，天必先见祥乎下民。黄帝之时，天先见大螾大蝼，黄帝曰："土气胜。"土气胜，故其色尚黄，其事则土。及禹之时，天先见草木秋冬不杀，禹曰："木气胜。"木气胜，故其色尚青，其事则木。及汤之时，天先见金刃生于水，汤曰："金气胜。"金气胜，故其色尚白，其事则金。及文王之时，天先见火赤乌衔丹书集于周社，文王曰："火气胜。"火气胜，故其色尚赤，其事尚火。代火者必将水，天且先见水气胜，故其色尚黑，其事则水。水气至而不知数备，将徙于土。

这段话的意思是说，人间新的帝王将要兴起之时，上天就会预先给予奇异的征兆，而这些征兆是以与五行相类似的事物来告示人们的。这些奇异的征兆正代表了"天意"，这种"天意"又与"五行相克"的思想结合起来，说明朝代的更替是按照"五行相克"的规律来安排的，是人力所不可战胜的。

到春秋战国时代以至西汉，阴阳五行学说已经相当普及，由阴阳五行观念发展到天人互感观念，再由天人互感观念发展成为系统的天人互感理论，已经具有某种必然性。可以说，阴阳五行观念已深入到大多数人的心目中而成为当时一般人较普遍的思维习惯，而天人互感观念实际上就是讲天人关系的。这种思维习惯和阴阳五行观念、天人互感观念，在先秦诸多典籍特别是《吕氏春秋》《黄帝内经》和两汉的《新语》《淮南鸿烈》《春秋繁露》《史记》《礼记》《盐铁论》以及《白虎通义》《汉书》等古籍文献中，都已有明显反映，而天人感应观念的核心则是五行、五运之说。其中，董仲舒的《春秋繁露》是在理论上把"天人互感"思想系统化的代表，《黄帝内经》则是把阴阳五行理论和天人互感理论加以实际运用的典范。

董仲舒天人感应的理论体系主要包括以下几个方面的内容：

其一，人副天数说。董仲舒说："天者万物之祖，万物非天不生。""为人者天也。人之（为）人本于天，天亦人之曾祖父也，此人之所以乃上类天也。人之形体，化天数而成；人之血气，化天志而仁；人之德性，化天理而义；人之好恶，化天之暖清；人之喜怒，化天之寒暑；人之受命，化天之四时。人生有喜怒哀乐之答，春秋冬夏之类也。"

其二，同类相应说。天人相副得到说明后，二者是如何实现互感的？互感的中介又是什么？《周易》有"同声相应，同气相求，水流湿，火就燥，云从龙，风从虎"之说，《吕氏春秋》也认为："类固相召，气同则合，声比则应，鼓宫而宫动，鼓角而角动。"董仲舒在重复了先贤的话之后说："美事招美类，恶事招恶类，类之相应而起也……帝王之将兴也，其美祥亦先见；其将亡也，妖孽亦先见。"他把阴阳五行和天地人看作一个完整的统一体，把天、地、阴、阳、木、火、土、金、水、人看作是天的"十端"，处在人与天地之间的阴、阳、木、火、土、金、水皆为"气"，这"气"也就成为天人之间互相感应的中介了。

其三，灾异谴告说。在证明了同类相应之后，董仲舒又把人的病症与天气变化的感应推广到人和天在精神上的相互感应，并认为这种感应是人间吉凶福祸的根本原因。如何获福吉而避祸凶呢？他认为要先了解"天意"，再根据天意采取相应的措施，才能逢凶化吉。如何才能了解"天意"呢？在他看来，"天意"是通过"气"向人们表达的，故可通过观察体会"气"的变化来了解"天意"。他说："天意难见也，其道难理。是故明阴阳、入出、实虚之处，所以观天之志，辨五行之本末顺逆、小大广狭，所以观天道也。"所以必须"谨按灾异以见天意。"这就是董氏的"灾异谴告说"。

这样，"人副天数说""同类相应说""灾异谴告说"合在一起，就使天人感应论成为一个比较系统的理论体系。

（3）西方大小宇宙论与天人感应论之比较

大小宇宙的观念在柏拉图之前就出现了。古希腊人认为小宇宙是大宇宙的缩影，人体结构是世界构造的反映。而毕达哥拉斯也曾把人的灵魂系统看作是天体系统的摹本。柏拉图相信宇宙是一个有形体、有灵魂、有理性的机体，他不但把人与宇宙做了类比，还据此推演出大宇宙的性质、结构与人体结构的相互关联。古罗马时期的新柏拉图派也深信天空的星球会影响地球上的人类。这种大小宇宙的观念不仅影响着古希腊罗马，而且影响了整个中世纪。甚至到文艺复兴时期，很多人还相信星球的力量对地球和人发生影响。

这种理论还认为，人的生理与地球的机理一样，人体包括血液、骨髓、黏液、唾液、眼泪及其他润滑液，与地球的各种液体相似。地球上的水从大海到山巅又重归于海，其运行也像血液始于心脏之海，从大动脉到小动脉，再返回来，又上行到头顶。同时，每个灵魂都属于一颗星，每颗星支配着人体相应的部位或器官：右眼、脾、膀胱、上臂受土星支配；肺、肝、脚受木星支配；左眼、血管、生殖器受火星支配；

颈部、腹腔受金星支配；两臂、两手、双肩、臀部受水星支配；人体半身、胃受月亮支配，等等（图 2.15）。

图 2.15　西方的"小宇宙"和中医的"五行五色"很类似

不仅如此，该理论还相信，有如世界的所有特征都可以在人身上找到，人的特征也可从地球上找到。个人的出生、死亡、命运、爱好、气质、个性等，可从地球上找到原因，而且国家兴亡、朝代更替、战争胜负等全都是天体作用的结果。在欧洲长期流行的星象学也无疑与此观念有关。李约瑟也多次提到过大小宇宙论："如欧洲思想有与中国古代和中古时代的思想有任何相似者，那么便是这种有关大宇宙与小宇宙的学说，虽然它不曾支配西方的观念到同样的程度。相似处有二：一为设想人体与宇宙整体之间有一一对应的关系；其他之一，是以为人体与国家社会之间亦有一一的对应。"

人副天数说与大小宇宙说虽有许多一致的地方，但也有明显的不同：第一，前者的"天"是含混而又有意志的，所谓"天意"是其基础。它并不指明"天"是什么星辰，而是把年、月、日四时都归于"天"。

而后者的大宇宙、小宇宙都是具体的，能够具体到金星、木星、水星、火星、土星、太阳、月亮，对应到人的血液、头发、体液、四肢及各个器官。第二，前者是讲人"副"天数，这个"副"是"符合"之意，虽有对应的意思，却不仅仅是对应所能涵盖的，如人有五脏，以对应天的五行，但五行的木、火、土、水、金并不是指具体的物质，只是一种抽象的概念，而且五行与五脏的关系也不是简单的对应，至于天人之间的感应更是如此。反观后者，却仅仅是一一对应的关系：头发像草，血管像树枝，骨头像石头，胃像大海等。虽然草、树枝、石头等对头发、血管、骨头也可能会有某种影响关系，但它不像中国五行生克的理论那样，说明不同星辰之间的关系对人整体的影响。第三，后者虽有天人互感的意思，但却始终没有形成一套理论体系。

论及二者的相同之处，它们都反映了早期先人们在宇宙观念方面的一致性，即早期人类都持一种整体宇宙观。我们知道，柏拉图提出大小宇宙论的时期正是我国的春秋战国时代，而在此时，中国的阴阳五行、天人互感观念已经十分流行了。不仅在中国和西方国家，实际上早在巴比伦人的占星术中，在埃及人的墓葬中，在印度人的信仰以及其他许多民族广泛流行的巫术中，都可以说明古代先民是把宇宙当作一个充满神秘性的有机整体来看待的。交感以及由此产生的种种巫术仪式，就是这种原始整体宇宙观的反映和明证。天人感应论产生后，对中国文化的发展产生了很大的影响。这种影响不仅发生在思想界，也发生在科学界。同样，大小宇宙论也对西方文化的发展产生过巨大影响，而这种影响集中体现在自然科学界，如天文学、化学、医学等领域。

上述这两种相似理论的形成也说明，在远古时代，人类由于受一种共同的宇宙观念的支配，故而也形成了一种大体相同的思维方式——整体性思维。

整体宇宙观念和整体性思维的互动，使人类在最初总是把世界万物看作一个整体，从而以一种整体方式对世界万物予以把握。在以后的历史发展中，由于中西方在文化传统、生活方式、民族习惯、宗教信仰等方面的不同，在文艺复兴和启蒙运动过程中，西方思维逐渐向一种分析性、解剖性的思维方式演变，与之同时发生变化的则是由整体宇宙观向集合宇宙观的演化。而在中国，由于儒学在两千多年的历史发展中一直是一种正统学说，再加上其他多方面的因素，中国人一直在天人合一的整体宇宙观的支配下恪守着整体性思维。

第 3 章

神人与凡人

　　神话是原始人们对世界起源、自然现象和社会生活的原始理解，是中西方文化共同的源头，它集中体现了人类童年时代对自然与人生的困惑及征服大自然的强烈愿望，是他们自然观和社会观的曲折反映。所以，神话反映了人类初期的一些意识形态，而这些意识形态一旦被记录流传下来，也势必会对人们造成一定的影响。由于中西方不同的地理环境、生活经验、社会意识等，人们所形成的神话也是大为不同，而这些也就深刻地影响了他们的政治、经济、历史、文化和民族特性，甚至思维、生活习惯等。

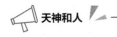
天神和人

3.1 中西方神话体系特征

东西方文明的差异，在当代人看来是西方人性的自由化和东方以等级著称的森严体制。所以在西方神话中诸神是生活在凡间的某个地方，还有很多是跟人生活在一起。普通人可以找到这个地方走上去。而在中国，我们的神高高凌驾于人之上，普通人永远无法接近。唯有接近神灵的虚拟存在，或是天神下凡（戏剧中的董永），或是路遇神灵的偶然（梦中）。

3.1.1 造神和造人

西方宗教盛行并且百盛不衰的主要原因之一是宗教在西方政治历史长河中扮演的核心地位。中国自古代文明繁衍到近代社会，其孔孟思想所占有的地位并不亚于西方宗教神学的地位。有人甚至拿西方基督教与中国佛教相提并论。但我们都清楚，两者的差异是中西方文化的差异，而不是宗教或者神话（体系）本身的差异。况且佛教只是兴盛于中国，并非起源于中国。再者，西方宗教教谕人民人性本为恶，要不断地"赎罪"，不断地接近上帝；而在儒家思想影响下的佛教也好、道教也罢，都在强调"人之初，性本善"，要学习，要修炼，要谦恭地膜拜神灵，要模仿和遵循那些"伟人"的道德行为，而不是幻想着去成为他们。

就拿人权主义经常谈论的女性话题来说，中西方神话中女性地位的不同也是见证中西方神话差异的主要所在。在中国母系氏族占统治地位的时期，女性在生产生活中处于主导地位，因此其社会地位也高于男性。而当父系氏族占统治地位时，女性丧失了在生产生活中的主导地位，其社会地位也渐显卑微。同时，由于现实社会的发展对于宗教和神话体验的表现方式总是起着强大的制约作用，宗教和神话领域中女性的地位也就随着世俗世界的变化而发生着改变。当然，由于文化传统的差异，西方国家古往今来和我国盛行的宗教、流传的神话虽有所不同，但对于其中形态各异的女性形象研究的意义绝不止于文化的阶层，其更着重表现在思想意识领域之中。

西方神话的自由和东方神话的人权"束缚"到底谁优谁劣，是根本无法作出客观评价的，这就像讨论到底是西医能治病，还是中医能救人一样，是基于深厚的文化积淀的结果。但我们可以肯定的是，中西方的神话都是人类宝贵而不可再生的精神财富，这种财富给予我们的不只有人生哲理的启迪，带给我们更为有意义的是这些精神财富印证了人类文明前进的步伐。

3.1.2 神话体系及其神人关系

古希腊在氏族社会末期，其超验思维能力就已显出绚丽的光彩，保存在《荷马史诗》等经典中的神话故事内容生动，情节跌宕，魅力四射。希腊人最初就是以神话来理解和反映他们生活的世界，逐渐构造出一个美妙的神界。其神谱系统而完整，有太阳神、月亮神、森林神、海神、火神、谷物神、酒神、智慧神、爱神、战神……故事视野开阔，浩瀚的海洋、美丽的岛屿以及附近的欧、亚、非大陆，都是衬托神话（人物）的场景。

中国上古时代却没有产生完整的天国神话体系及其经典，零星的相关记载都支离破碎，基本不成体系。文化经典中更注重的是"教化"。《六经》大都为伦理世俗的圣书，《周易》本是占卜用书，有些神秘色彩，但其中仍不少伦理说教。唯一只有《山海经》尽力把各地的神祇按地理方位入座，保存了一些零乱不经的神话故事，其中人与动物混同的神怪颇多,而典型的人格神极少,问题还在于它被抛在当时文化最底层的小说地理类中,属于不入流的"异闻杂录"。

图 3.1 《山海经》中的怪兽

《山海经》中的"怪兽",中国的"四方五象"(图3.1)。青龙、白虎、朱雀、玄武(蛇加龟)是中华民族的图腾。青龙身似长蛇、麒麟首、鲤鱼尾、面有长须、犄角似鹿、有五爪、相貌威武。白虎是战神、杀伐之神,虎具有避邪、禳灾、祈丰、惩恶扬善、发财致富、喜结良缘等多种神力。朱雀(凤凰)是有鸡的脑袋、燕子的下巴、蛇的颈、鱼的尾、有五色纹,实际上是以颜色来分的:红的是凤、青的是鸾鸟、白的是天鹅、黄的是凤凰、紫的是朱雀或玄鸟。玄武的本意就是玄冥。玄冥起初是对龟卜的形容:龟背是黑色的,龟卜就是请龟到冥间去诣问祖先,将答案带回来,以卜兆的形式显给世人。

希腊神话则是把神拉到凡人中去。神虽叱咤风云,神通广大,却与人同形同性,有七情六欲,会嬉戏取闹,有的善良忠诚、勇敢坚强;有的狡猾欺诈、好色贪心;有的还忌刻成性,动辄发怒,甚至刀兵相见,尔虞我诈,有着与常人几乎相同的性格弱点。如有着较高神位的宙斯喜恶作剧,情场浪漫,还诱惑人间美女,子女成群,尤其是迫害为人类盗取火种的普罗米修斯,甚至引发欲灭绝人类的洪水。其妻赫拉知道丈夫的不忠实,也时常发泄她的嫉妒和愤怒,对情敌进行报复。这里,神界与人界混通,许多神与人交媾生子,神界故事不但是人间社会的一种折射,而且两者常常可以融为一体。或者说,神祇们与凡夫俗子混在一起,共同谱写着荒唐可笑又可歌可泣的历史。

中国上古神话则强调神界与人间的天渊阻隔,《尚书·吕刑》载,帝令重、黎二神,隔绝天地之间的通道,天神不得再降格于民间。《国语·楚语》补充得更为详尽:"颛顼受之,乃命南正重司天以属神,命火正黎司地以属民,使复旧常,无相侵渎,是谓绝地天通。"许多古书都记载了帝下令隔绝神界与人间这件事,其目的就是要使上天或神界对凡人显得非常神秘,高不可测,使人对神产生惶恐敬畏之意而虔诚崇拜。中国古代有那么多与祭祀关系最密切的从"示"之字,可见其对天国神祇的神秘感受和崇敬程度。

另一方面,古希腊神祇虽与人同形同性,却是人最美、最健全、最有智慧和力量的典范。换句话说,神其实是最为健美并永葆青春的人,神性与人性不仅没有不可逾越的界限,并且是互为辉映的,可以用神的形象体现人的智慧和美可能达到的最高境界。希腊神话中尽管虚幻类的想象故事连篇,却不失为一种歌颂人的宗教,其对神之爱的描写是最动人的美之旋律,也是对生命的颂扬,所以希腊艺术中无处不在的神的形象,却不外是人的完美典型,是一种包含着种种弱点和缺陷

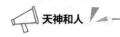

的生动完美。说明希腊人在信神拜神的同时,也承认人的伟大与崇高,相信人的智慧和力量,重视人的现实世界。就像希腊哲学家所言:"人是第一重要的,其他一切都是人的劳动成果。"反映了一种古典人本主义的内涵,即认为人是世界之本,是衡量一切的尺度。

先秦《山海经》诸记载中,其神都为半人半兽的奇形怪物。兽身人面或人身兽首,形形色色,不一而足。连最重要的古神伏羲与女娲,都往往是人面蛇身。对诸如此类神祇的描写,通常十分简约、朦胧,其个体的性质,乃至性别,往往都无法辨识。且许多怪神和怪物,大都性情凶恶,只要它们一出现,常常就征兆着一些祸殃将要降临人间。所以中国上古神话根本没有一种对人的赞美的文化内涵,恰恰相反,这种人兽合一之神实是对人性的一种扭曲,后来走向精怪文化和鬼文化的泛滥。

古希腊每个城邦都有自己的保护神,而这些保护神与人同样是要吃喝的,因为神能保护人类,所以城邦投资供养保护神是合算的。于是希腊人认为,神与人之间有着一种契约,即世人供奉神,神则有义务对城邦的安全作出保证,要用自己的神力打退敌人。如果城邦遇到危机,居民可以直截了当、理直气壮地向保护神提出请求,如果不灵验,他们还可以适度地对神灵进行"威胁"或"惩罚",停止对他的供奉。《伯罗奔尼撒战争史》中希腊人的有关祈祷词便反映出这样的思想,如"神啊,不要将我们的城市以及房屋、人家全毁掉啊!你住在这里已经很长时间了,你不能背叛我们,你不能将我们的城邦交给敌人!""神啊,我们以前经常将贡献给你,你今天必须答应我们的请求,对敌人射出箭去!"这和希伯莱人认为人类与上帝也订有契约的思想已非常接近。

中国上古部族也供奉一种地方神:社。《说文》云:"社,地主也。"有些类似后来的城隍土地,凡立国封疆,必建社庙。古人以社神为一地之主,犹如诸侯为一国之主,民间大小事皆往祈求祭拜。社神主宰一地所有之权,甚至超过一国之君,这里人民只能祈求祭拜,而根本不存在订立契约之文化内容。同时,中国上古部族也开始崇拜和供奉自己的祖先,建立宏大的宗庙,进行频繁的祭祖活动。商周时期虽存在对上帝、苍天等的崇拜意识,但天上神祇的权威在不断减弱,祖宗神日渐成为祭拜的最高对象。祖先崇拜与天神崇拜逐渐接近、混合,已为殷以后的中国宗教建立了规模,即祖先崇拜压倒了天神崇拜。中国人对祖先的崇敬是无条件服从基础上的顶礼膜拜。总之,人神之间存在一种契约的文化传统,中国古代无从产生,根本不存在相关的意识。

值得注意的是,希腊神话中神并不比人更有道德,没有严格的宗法伦理秩序概念,从而没有出现宇宙主宰、专制君主式的神。一些论著常常把宙斯看作至高神,颇有权势和神力,维持着天国的秩序,然而他却常犯错误,或做些不体面的事,也有可能被对手战胜,实际上没有最高的权威,并非是至高无上的君主。众神对他也没有一味地服从,而是各有自己的个性魅力和信念主见,亦有自己的自由空间和势力范围,于是十二位主神组成的神系领导集团得以形成,颇有一些贵族民主制的色彩,其中妥协精神取代专制作风成为众神相处的基本原则。总之,奥林匹斯神系主脉是集体性的、复合的,而不是单一的、专制的。黑格尔说:"宙斯是希腊各神的父亲,但是各神都能根据自己的意志行事;宙斯尊重他们,他们也尊重他;虽然有时候他责骂他们,威胁他们,他们或者帖然服从,或者不平而退,口出怨言;但是决不使事情走到极端,宙斯在大体上也把诸事处理得使众人满意——向这个让步一些,向那个又让步一些。"

此外,在古老的《神谱》中,时有老一辈神王被其儿子囚禁推翻(甚至吞食)取而代之的故事。有关宙斯将与大海女神产生一个取代他权威的儿子的预言,和宙斯与塞墨勒的儿子狄奥尼索斯将取代宙斯统治的传说等,说明宙斯也同样面临着被新神否定的趋势。有些地位较低的神,仍有执着的理想追求和无畏的反抗精神,留下诸多伟业供人赞颂。如普罗米修斯创造了人类,后因偷火种而触犯宙斯,遭受残酷迫害,但他坚决反抗其强权,写下了追求正义和自由的颂歌(图3.2)。其中体现出一种自由的生命理想和抗衡权势的文化精神,希腊人对自由的理解和热爱,很大程度上也得益于他们无专制概念的神话传统。总之,反叛是希腊神话的一个重要主题,反叛或成功或失败,无论结局如何,叛逆行为都没有与道德范畴相联系,叛逆者并没有被人们斥为邪恶,反而常常因反叛而使其形象变得更加高大而富有魅力,这一思维传统导致形成一种神系发展动力的自我否定机制。

图 3.2 普罗米修斯

神话中的普罗米修斯充当了人类的"老师",触犯了最高的天神宙斯,作为惩罚,宙斯就拒绝给予人类"火种"。普罗米修斯就用一根长长的茴香枝,在烈焰熊熊的太阳车经过时,偷到了火种并带给了人类。宙斯大怒,他差人将普罗米修斯带到高加索山,用一条永远也挣不断的铁链把他缚在一个陡峭的悬崖上,让他永远不能入睡,疲惫的双膝也不能弯曲,在他起伏的胸脯上还钉着一颗金刚石的钉子。他忍受着饥饿、风吹和日晒。此外，宙斯还派一只神鹰每天去啄食普罗米修斯的肝脏，但被吃掉的肝脏随即又会长出来。就这样，日复一日，年复一年。

而中国上古社会宗法伦理秩序森严，神话中出现了专制式的至高神，如商周时甲骨文中的"帝"。其语源本义或谓受义于太阳，或谓即"花蒂"之蒂，渐渐发展为生育万物之神，有诸神之神的权威，再发展为主宰宇宙的天帝或上帝。甲骨文中他可以"令雨""令风""降祸""受又（佑）"，高高在上而主宰一切。然后由自然图腾崇拜向祖宗君王崇拜转化，指向主宰人间的下帝即商周各代君主，《说文解字》总结曰："帝，王天下之号也。"还有所谓"皇"，据古史学者研究，也是"以鸟羽为饰的皇王冠冕，喻指神界或人间的最高统治者"。总之，"帝""皇"称号的出现与演变，逐渐被赋予了不受任何力量制约而有至高神力和权威的统治者的形象与内涵，在将其蜕去怪异形象的同时还获得了崇高的德行，将其塑造成干瘪僵硬的家长道德偶像，最后是将许多传说时代的部落首领乃至早期君王冠以"三皇五帝"的头衔，将王权与神权相结合，用以强化人间的君主统治，扼制反抗统治、向往自由的思想萌芽。由是，所有与"家长"神发生冲突的行为在道德上都被打上"恶"的烙印，蚩尤、共工、獾兜、三苗、鲧（后为"四凶"）皆为叛臣贼子。

所以与神话相反，中国上古时代的历史传说却异常丰富，从三皇五帝到夏、商、周三代君王的种种传说和故事，其特点就是将其神格化、圣王化，致使人们至今无法辨别出这些传说中哪些是历史，哪些是神话。这君神合一的现象，使得神权主要由王权垄断，神化王权的过程与社会君主统治不断强化的发展同步。随着时间的推移，中国古代神话大量被历史传说所掩盖和替代，对君王的神化度也不断层累地加码。《韩非子·十过篇》所载黄帝为宇宙至高神的形象，令人叹为观止。对于炎帝、颛顼、帝喾、尧、舜、禹、汤、文、武等帝王神圣化的记载

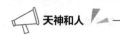

无须赘述，而需要说明的是，这些帝王神祇没有自己的个性，很少生活的悲欢，形象苍白而干瘪，只是一种道德上的楷模，看不到其时代人类的精神气质。

古希腊神话中也掺杂一些首领或君王参与的历史传说，但不存在神权由王权垄断的现象。以雅典王提修斯入克里特岛的米诺斯迷宫，杀死牛怪，救出童男童女的神话为例，其颂扬的是制服邪恶的独胆英雄，而非为一个帝王的权威树碑立传。有关神话还记载，提修斯曾"宣布将从来没有限制的国王的权力加以削弱，并答应给他们一种可以保障自由的宪法"。并说："在战时是你们的领袖，在平时则是法律的维护者，除此以外一切都与公民平等。"这虽然为后人所添加，但也说明原神话所塑造的提修斯形象决非专制君王，所以后人可以为他补上民主政治的色彩。再如规模宏大的特洛伊战争，主要记录了古代战争场面的恢宏与残酷，描述了一批英武善战的勇士，还有惊心动魄的木马计战役，其中没有将部落酋长或君王刻意神圣化，从而抬高王权的中国笔法。

我们看到，西方神话主要是将超验的神人格化，当然比人更有力量和更加美丽，其追求一种自由自在的生活理想，在对现实生活极富感召力的同时，也存在一种不断发掘各类效能的自我否定机制；中国神话是将部落首领、君王神圣化，将君神合为一个权力无比的神秘世界，整合出一种以服从家长为道德感召力的自我肯定机制，一切反叛行为在道德上都被打上"恶"的烙印。希腊神话用神的形象体现人的智慧和美丽，这种宗教思想和公民政治显然有鱼水相得的关系，经它潜移默化，熔铸出体现民主精神的古典人本主义。中国上古神话用无边神力和道德伦理体现君王的权势，这种王权神话信仰和专制统治也同样鱼水相得，熔铸出体现专制精神的权威神秘主义。

3.1.3 宇宙观及其天人关系

古希腊神人一体的神话体系，人虽然崇拜神，但神在人的眼中并无太多的神秘色彩，其祭祀程序也较为简明，并不需要许多专门的祭司人员去沟通神人关系，所以《荷马史诗》中虽出现一些祭司人名，但不存在一个专业的祭司阶层，在神意的解释方面，各人可以有自己的主张，由此也就没有形成主要由祭司阶层完成的统一的宇宙观及其知识谱系，而给予人们一个可以自由遐想的认知空间。同时，人们虽然崇拜自然，但并不畏惧自然，觉得自然的神力可以研究探索，从而在古希腊形成多元的宇宙观，有唯物的，也有唯心的；有不可知论者，也有怀疑论者；有一元论者，也有多元论者；有天人相分理论，也有天人合一观念。在早期的希腊哲学中，以天人相分宇宙观主导的科学学派成为主流思想。

天人相分宇宙观，就是把物质存在与人类思维分为两个运作体系，自然是非人格的本原，人类对于自然也是相对独立的，自然界与人类社会存在各自的运动规律。如毕达哥拉斯学派把思想信仰看作是一个精神问题，把探索自然看作是一个实践问题，也就是让知识与信仰有所分离。苏格拉底也把生产技术的学习与心灵信仰问题严格区别开来，认为建筑、冶金、农艺、管理诸方面只需学习，而不必求神。而亚里士多德的思想著作中，更是处处体现出一种反对神秘主义的科学态度。由此，人们很早就展开了对宇宙天地的纯自然物质性质的研究，提出了各种物质如水、火、土、气、原子是自然本原的种种学说。

古希腊智者在天人相分宇宙观的基础上，深入研究自然界的运动规律，逐步开创出各门科学的雏形：天文学、几何学、数学、医学、物理学、生物学等，获得令人瞩目的成就。如毕达哥拉斯学派提出了太阳、月亮和行星以均匀圆周运动的假说，认为宇宙是所有天体由西向东环绕中心火团运行的结合物。亚里斯达克初步提出了太阳中心说。埃拉

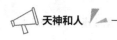

托斯尼第一个计算了地球的圆周。阿那克西曼德提出人是从鱼变来的，可称生物进化论的萌芽。恩培多克勒提出了生物进化理论。医学开始重视人体的解剖与人体构造的理论。几何学成就更是其形式逻辑思维方式的基础。其促使人们去探索自然，把握自然，征服自然，出现人类与自然之间的一种竞争的态势。

中国上古神人隔绝的神话理念，神性高逾九霄，人性低同草芥，只有帝王可以通过祭祀和巫师接近天神。公元前三千年原始末期的玉琮，据考证就是其贯通天地的一种法器，发展到商代的甲骨卜辞，以及其后的八卦筮占，方法体系日益成熟。同时，其祭祀仪式日益隆重，程序规范日益烦琐，如周代的祭祀可以分为三个秩序等级：一是祭祀天地和宗庙的大祭祀，二是祭祀日月星辰和社稷五岳的中祭祀，三是祭祀风雨雷电和山川百物的小祭祀。由此祭司阶层不断壮大，他们用祭祀仪式沟通神界，用占卜方法传达神意，且把握着星占历算、医药方技诸学，成为中国上古社会中最有权威的第一代知识者，逐渐完成了天人合一的宇宙整体观。由于他们所拥有的地位和权势，其知识谱系完全控制了人们的思想，也为帝王的神圣化开辟了逻辑源泉，这一巫术导源的宇宙观经由国家的宗法等级制度而不断系统化。

其天人合一的宇宙整体观认为，宇宙中"天""地""人"三者是一个互相关联的整体，有着相同的运作规律模式且存在一种深刻而神秘的互动统一关系。如天地有中心，人类也有君主；天地分九野、九州，人也分三六九等；天地有阴阳，人间就有尊卑；宇宙有中央与四方，人间就有帝王与诸侯；天有众星，人间就有众民。甚至人的头圆是如天的形状，人的足方是如地的形状；天有四时五行九解三百六十日，人有四肢五脏九变三百六十骨节；天有风雨雷电，人有喜怒哀乐。总之，人完全效法天、地，三者是个神秘的统一体。

历史学家指出："作为空间的宇宙，在商周时期的人们看来，是规范而有序的，天与地相对，都是由对称和谐的中央与四方构成，中央的地位高于四方，四方要环绕中央。"这样"在殷周人心目中投射了一个根深蒂固的深层意识，即以中央为核心，众星拱北辰，四方环中国的'天地差序格局'。这种宇宙结构给他们提供了一个价值的本原，就是这种'差序格局'是天然合理的，因为它是宇宙天地的秩序；也给他们提供了一个观念的样式，就是一切天然形成的事物包括社会组织与人类自身，都是与宇宙天地同构的，因为他们来自宇宙天地；也给他们提供了一个行为的依据，就是人类应该按照这种宇宙、社会、人类的一体同构来理解、分析、判断以及处理现象世界，因为现象世界中，拥有同一来源、同一结构、同一特性的不同事物是有神秘感应关系的。"

人们普遍认定，"天"不仅是人类生存于其中的空间与时间，还是人类理解和判断一切的基本依据，仿效"天"的构造，模拟"天"的运行，遵循"天"的规则，就可以获得思想与行为的合理性。总之，"天"具有无比崇高的地位，是至上的神祇。所以古代中国人在思考天、地、人这个宇宙统一体时，将听命于天作为主旨，产生一种根深蒂固的世界秩序等级观念。他们不会以"人"作为主体跳出这个整体而把宇宙当作客体进行观察研究，并且认为人类社会乃至个人只有遵循宇宙统一体的神秘规则，服从上天的旨意，才会有一种安全感而获得它的真正价值。就是从天人同质、同构的角度来理解各类事物之间的关系，把整个宇宙看成一个整体系统，同样用阴阳互补、五行秩序这一套思路来说明各种自然现象，从占天象测未来、选风水论祸福，乃至解释人体结构与病理机制，等等，总之，把人作为"天"的附庸者而完全服从"天"，以求得与大自然的所谓"和谐"。

《尚书》中的天命观，与其说是宗教迷信，不如说是一种神权政治论，也就是天人合一世界观在政治方面的反映。"天命有德""天讨有罪""以德配天"诸思想与统治术自唐虞至三代，日益显出其宇宙观与

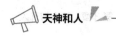

政治论的结合。西周"敬德保民"思想中以"敬德"为"天命"的依据,"保民"为"天命"的体现,是对这一思维模式相应时局的发展。春秋时子产说:"礼,天之经也,地之义也,民之行也。"用"礼"把天、地、人完全融为一体。儒家的"礼"思想,道家的"道"观念,墨家的"天志"说,都是天人合一思想的各种表现。阴阳五行学说的五德终始论更是把天道与人事完全合二为一。

只有荀子提出"天人之分",认为人与天存在各自的运作规律;然而荀子又说:"君臣、父子、兄弟、夫妇,始则终,终则始,与天地同理。"认为礼是沟通天与人,并把它们联为一体的基本机制或基本原则,所谓"礼有三本:天地者,生之本也"。这样,礼是根据天道而设立的,所以人道与天道在本质上又是一致的,这又是天人合一思想的反映。

可以说"天人合一"是先秦思想家最为普遍的观念之一,在这一基本观念之上不存在其他对立观念的多样性和矛盾性,或者说基本没有产生人与自然是互相独立体的任何思想体系。一般都认为自然界的一切现象都与人有因果关系,天、地、人、神是合一的、完全沟通的,并主要由巫师占卜来完成这一沟通,而沟通的目的在于服从自然或天。随着时间的推移该观念不断强化,积淀为中国古代思想家最基本的宇宙观,成为中国传统哲学的重要特征。"而'天人之分'的观念却被中国哲学家所忽视,在中国哲学发展史上,除了偶尔爆发出一点火花稍纵即逝外,并没有引起人们的足够重视,从而也没有形成足以与'天人合一'相抗衡的思想洪流。因此,中国传统哲学表现了强烈的重天人合一、轻天人之分的思维倾向。这种思维特质,从先秦起就开其端倪,逐渐发展成为一股滔滔思想洪流"。其思维定势产生的惯性,渗入社会的政治、经济、文化以及日常习俗、心理底层等各个领域,经数千年的运作和论证,已成为中国人无意识的深层心理结构。

西方古典哲学中也有自然与人类合一的思想，如古希腊后期的斯多阿学派，提出人的本性就是顺从自然而生活，达到人与自然的一致与和谐，似乎可以看到中国"天人合一"观念的影子，然而它只是西方古典思想中相当不起眼的一个小学派。而值得注意的是，其他相关人类与自然统一的思想基础并不是以自然（天）为核心、以人对天的服从为基点的人处被动地位的感应学说，而往往是一种以人为核心、以人类的思维统摄整个宇宙的人处于知识体系的核心。

3.2 中西方神话故事人物比较

中国上古的主要大神们，诸如伏羲、女娲、炎帝、黄帝、颛顼、帝喾、尧、舜、禹等，都有着极为鲜明的尚德精神。翻开中国上古神话，一个圣贤的世界扑面而来。尽管神话没有十分完整的情节，神话人物也没有系统的神系家谱，但它们却有着鲜明的东方文化特色，其中尤为显著的是它的尚德精神。这种尚德精神在与西方神话特别是希腊神话比较时，显得更加突出。中国古代神话中的这种尚德精神，一方面源自于原始神话的内在特质，另一方面则是后代神话改造者们着墨最多的得意之笔。在西方神话尤其是希腊神话中，对神的褒贬标准多以智慧、力量为准则，而中国上古神话对神的褒贬则多以道德为准绳。这种思维方式深深地注入中国的文化心理之中。几千年来，中国古代神话的这种尚德精神影响着人们对历史人物的品评与对现实人物的期望，决定着社会对人们进行教育的内容与目的，甚至也影响着20世纪以来中国现代文明的走向。

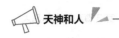

3.2.1 不食人间烟火

"不食人间烟火,没有平凡人的情欲",这是中国上古神话中主要大神们神格的重要特征。在中国的很多经史典籍中,中国上古的主要大神们,诸如伏羲、女娲、炎帝、黄帝、颛顼、帝喾、尧、舜、禹等,都是崇高和圣洁的。他们不苟言笑,从不戏谑人类,更不会嫉妒和残害人类。在个人的私生活上,他们从来都是十分规矩和检点的,十分注重小节、注重品行和德操的修养,并且尊贤重能。几乎每一位神王都没有"红杏出墙"或"乱播爱情种子"的现象。在他们的身上,只有神圣的光环、纯洁的品性和高尚的情操。当人类向他们看过去的时候,只会仰面向上,顶礼膜拜,而不会有丝毫的不恭不敬。

在我国的神话天地中,姑且不说被后世改造过的神话,就是古老的原始神话,我们也看不到对大神们爱情生活的描写,见不到他们这方面的生活细节。由于中国上古神话中有关爱情的内容极少,因而嫦娥奔月神话和后起的巫山神女传说在中国神话天地里就显得秀丽旖旎,风景这边独好了。

相反,在古希腊神话中,我们所看到的大大小小的天神都是世俗的,是满身人间烟火味的形象:众神之王宙斯狂放不羁、拈花惹草,在神界与人间留下了一大串风流债,更严重的是他任意行事,不讲原则,充满嫉妒;神后赫拉,本是众神的表率和人间的神母,但她却经常为嫉妒和仇恨而迷失了本性,做出一些残酷和无神格的蠢事来,没有丝毫让人类敬重的地方。主神如此,他们手下的众神也都有着极为相似的品性。在希腊军队与特洛伊的战争中,阿喀琉斯让阿伽门农把抢来的女俘克里塞斯送还到他的父亲阿波罗的祭司的身边,因此时阿波罗神正为他的祭司的女儿被劫而用瘟疫来消灭希腊军队,阿伽门农认为自己受到了侮辱,硬是将女俘克里塞斯留在了自己的身边,阿喀琉斯愤而带领他的军队撤出了战斗,使特洛伊大将赫克托很快地杀掉了还没有死于瘟疫的希腊士兵。希腊人的这次惨败只是因为一个女人,这种结果是中国人无法理解和原谅的,也是中国神话中的尚德精神所不允许的。又如,阿波罗因同玛耳绪比赛吹笛子而失败,便残酷地剥了玛耳绪的皮,并把它挂在树上;再如月神与阿波罗兄妹,因尼俄泊嘲笑了他们的母亲巨人勒托只生下一子一女,并禁止忒拜妇女向勒托献祭,他们便射杀了尼俄泊众多的儿女。如此等等。可见,在希腊神话中,神与人除了力量上的差别外,在情感上却是相同的。当神们脱掉神的外衣之后,就都成了世俗的凡人。

3.2.2 "神化"神

"对神的献身精神的崇尚和礼赞",是中国上古神话尚德精神的另一重要体现。这种牺牲精神首先表现在古老的创世神话当中。中国的创世神话,是以牺牲创世神的肉体来完成天地开辟和万物创造的。所以,中国古代的开辟大神盘古在完成了天地开辟任务之后,就将自己的双眼化成了日月,将四肢与头颅化成了五岳,将血脉化成了长江与黄河,将毛发化成了山林与草木,将肌肉化成了泥土,将筋骨化成了金石,而他身体上的寄生物则变成了人类。另一位开辟大神女娲,她在完成了补天、造人的大功之后,也将自己的身体化成了万物。所以《山海经》中云有神十人,乃女娲之肠所化。今天我们虽然不能全部了解女娲化物的细节,但这则神话多多少少为我们透露了这方面的信息。

后来的始祖神继承了创世神的这一传统,并将它发扬光大,为中华民族创造了可歌可泣的业绩。燧人氏发明火历经千辛万苦种种磨难;炎帝为知草药而尝尽百草,几经生死,所以《淮南子·修务训》说神农"尝百草之滋味,水泉之甘苦,令民知所辟就,当此之时,一日而遇七十毒";先秦史书则言大禹为治水十年奔走,三过家门而不入,以至于"胫不生毛,偏枯之病,步不相过"。

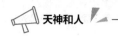

不仅创世神和始祖神如此，在对我国远古神话英雄的故事传说及对英雄的讴歌中，同样也反映出一种崇尚奉献与牺牲的精神。在这些神话中，大凡是为社会的进步、为人类的幸福而献身的英雄备受人们的赞颂；反之，凡是那些不利于社会前进、有碍于人类幸福的神性人物则要遭到唾弃与批判。所以为逐日而死的夸父、射日除害的后羿、救民于水患的大禹等均在人民的心目当中占据着崇高的地位；被大水淹死之后变成鸟不停地以木石勇填沧海的精卫，也生生世世为人们所敬重。而那些残害人类的反面人物，即使不被英雄诛灭，也会被历史文化所诛灭。

中国上古诸神所普遍体现的献身精神，是世界其他民族的神话英雄所不具备的。在希腊神话中，其开辟神话充满了血腥：宇宙最先生下了开俄斯（即混沌）、胸怀宽广的地母该亚、地狱之神塔尔塔罗斯、爱神埃罗斯。开俄斯又生了黑夜之神尼克斯和黑暗之神埃瑞波斯。尼克斯和埃瑞波斯结合后生下了太空和白昼。该亚则生了乌拉诺斯（天空）、大海、高山。这时乌拉诺斯成了主宰，他与母亲该亚结合，生了六男六女共十二位天神。后来，第一代主神乌拉诺斯被儿子克洛诺斯阉割了。克洛诺斯与妹妹瑞亚结合也生下了三男三女，宙斯是最小的一个。克洛诺斯害怕他的儿女们像他推翻父亲一样来推翻他，便将自己的所有儿女都吞进了肚子里。在宙斯出生之前，瑞亚在地母该亚的帮助下逃到了克里特岛，上岛之后才生下了宙斯，宙斯这才幸免于难。后来宙斯联合诸神推翻了父亲克洛诺斯，逼他吐出了哥哥姐姐们。宙斯于是在奥林匹斯山上建立了神性王国，自己做了至上神。这则希腊神话表明，宙斯的神界秩序是在代代天神们的血肉之躯上建立起来的，更严重的是这种杀戮还都是骨肉之戕。

不独希腊神话如此，巴比伦神话和北欧神话同样也都带有浓浓的血腥味。记载着巴比伦神话的《埃努玛·埃立什》说，开初，神族有两大派：一派象征着无规律的"混沌"，是从汪洋中生出的神怪；另一派象征着有规律的"秩序"，是从汪洋中分化出来的天神。创世的过程被理解为混沌与秩序的战斗过程，最后秩序战胜了混沌，且以混沌族神怪们的尸体创造了万物和人类。北欧神话则说，天神奥定杀死了强有力的冰巨人，以他的尸体创造了世界上的万物。

3.2.3 "佑德保民"

中国上古神话中的尚德精神不仅仅体现在大神们不食人间烟火的高尚以及伟大的献身精神，同时也体现在他们"保民佑民的责任感"上。在中国人的心目中，既是被人们所礼拜的神，就应该尽到保民佑民的职责。远古时代，中国的许多著名大神均具有始祖神的身份。这些始祖神均是自己部族中功劳卓越的人物，他们在本民族的发展与壮大的过程中或在民族的重大变故中，起到过巨大的作用。他们成为本民族始祖神的先决条件也决定了他们作为大神的责任与义务。特别是自西周以来，由于历史和政治的需要，诸子百家有意识改造神话中的人物形象，将人类理想的英雄美德都加在了他们身上。这种现象所造成的结果，使得存留在上古神话人物身上的野性消失得干干净净，有的只是道貌岸然、冠冕堂皇。于是这些上古的神话英雄或始祖神们以一种崭新的姿态登上了历史舞台，由神祇摇身一变成了品德完美的人间帝王。首先，他们均以天下苍生为重，平治天下、造福人类是他们的根本职责。其中大禹就是一个典范。大禹大公无私，为天下苍生的幸福鞠躬尽瘁。其他如炎帝、黄帝、尧、舜等也莫不如此。同时，中国神话传说中的上古大神们并不以天下为己有，而是举贤授能，并且素有"禅让"的美德。所以，尧年老后便把帝位传给了舜，而舜同样也将帝位传给了大禹。这种境界如此之高之美，以至于后人甚至搞不清这究竟是史实还是神话了。

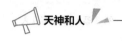
天神和人

古希腊的神话与传说表现出了与中国神话大不相同的文化特色。在古希腊神话中，天神与人类一样，也表现出爱、恨、怒、欲望、嫉妒等凡俗的情感。"潘多拉的盒子"便是一个例子：当人类被创造出来以后，英雄普罗米修斯帮助人类观察星辰，发现矿石，掌握生产技术。作为天父的宙斯竟出于对人类的嫉妒，拒绝将"火"送给人类。普罗米修斯从太阳车的火焰中取出火种赠送给人类。宙斯发现之后就将普罗米修斯锁在高加索山上，让凶狠的饿鹰啄食他的肝脏。与此同时，宙斯加紧了报复人类的步伐，他命令火神造出美丽的潘多拉——"有着一切天赋的女人"，诸神赐给她柔媚、心机、美貌，让她带着盒子送给普罗米修斯的兄弟——厄庇墨透斯。厄庇墨透斯留下潘多拉，打开了那给人类带来灾难的盒子，于是从盒子里飞出了痛苦、疾病、嫉妒等，从此人间便陷入了黑暗的深渊。对此，宙斯并不满足，他又发动洪水来灭绝人类。

西方神话中的这种种行径和中国神话的补天、填海、追日、奔月、射日、治水等神话相比，真是判若天壤，不可同日而语。如果宙斯不幸成为中国上古的神王，那么他早就被打进了万劫不复的深渊了。

中国上古神话中体现出的这种尚德精神，有一些是先天神话的内在特质，而另一些则是后来人为改造的。它是文明社会中文化的重塑与选择的结果。经过这种文化的重塑与选择，在古老的大神们身上还遗存的一点点"人性"也消失了，剩下的只是远远脱离社会、脱离人类、高高在上、虚无缥缈的理念化形象，于是他们原有的神性也随之削弱，他们成了人间崇拜的偶像，变成人间帝王们的典范。于是神话中的大神们最终演变成了人间的始祖，敬神变成了祖宗崇拜，神话变成了宗教崇拜。

正是这种尚德精神，使中国文化中处处体现出了对"德"的要求。在我们传统的"修齐治平"的人生境界中，将"修身"摆在第一位也说明了这一点。只有"从头做起",先修身然后才能齐家,再后才能治国、平天下。在后天漫长的文明社会里,无论臣废君取而代之,还是君贬臣、诛臣,往往都是从"德"方面找借口的。似乎只有这样,一个又一个杀机横生的"政变"或"贬诛"才显得名正言顺,顺理成章。这种文化的选择,甚至在今天的社会生活中,在我们民族的思维和习惯中,依然处处可以找到它的影子。

参考文献

[1] [英] 约翰鲍克. 神之简史——人类对终极真理的探寻 [M]. 高师宁, 译. 北京：生活·读书·新知三联书店，2007.

[2] [法] 吕克. 费希 神话的智慧 [M]. 曹明，译. 上海：华东师范大学出版社，2017.

[3] 程憬. 中国古代神话研究 [M]. 北京：北京大学出版社，2011.

[4] 姚建明. 天文知识基础 [M]. 2版. 北京：清华大学出版社，2013.

[5] 姚建明. 科学技术概论 [M]. 2版. 北京：中国邮电大学出版社，2015.

[6] 姚建明. 地球灾难故事 [M]. 北京：清华大学出版社，2014.

[7] 姚建明. 地球演变故事 [M]. 北京：清华大学出版社，2016.

[8] 冯时. 中国古代的天文与人文 [M]. 北京：中国社会科学出版社，2006.

[9] 胡新生. 中国古代巫术 [M]. 北京：人民出版社，2016.

[10] [英] 艾恩斯. 神话的历史 [M]. 杜文燕，译. 北京：希望出版社，2013.

[11] [英] 柯克. 希腊神话的性质 [M]. 刘宗迪，译. 上海：华东师范大学出版社，2017.

[12] 向柏松. 中国创世神话形态研究 [M]. 北京：中国社会科学出版社，2017.